Konfuzius
Der gute Weg

Konfuzius

Der gute Weg

Worte des großen
chinesischen Weisheitslehrers

Zusammengestellt
von Werner Felitz

ANACONDA

Lizenzausgabe mit freundlicher Genehmigung
der S. Fischer Verlag GmbH

Die Deutsche Bibliothek verzeichnet diese Publikation in der
Deutschen Nationalbibliographie; detaillierte bibliographische
Daten sind im Internet unter http://dnb.ddb.de abrufbar.

Umschlaggestaltung: Sabine Reimer, London
Satz und Layout: Dagmar Herrmann, Köln
Printed in Czech Republic 2005
ISBN 3-938484-32-2
info@anaconda-verlag.de

INHALT

KONFUZIUS UND SEIN »GUTER WEG«

Kung fu-tse oder K'ung-tzu – der weise Meister Kung –, der von 551 bis 478 v. Chr. lebte, ist in der westlichen Welt vor allem in der latinisierten Form seines Namens – Konfuzius – bekanntgeworden. Zu seiner Zeit war das Gebiet des Chinesischen Reiches wesentlich kleiner als das des heutigen. Im Westen waren die Abhänge der Gebirge, westlich des Meridians von Hsinganfu die Grenze; im Norden reichte es nur teilweise bis zum Breitengrad der späteren Chinesischen Mauer, im Osten nur teilweise bis ans Meer und im Süden nur teilweise bis an den Yangtse. Die kaiserliche Zentralgewalt (Hauptstadt Lo-yang) war schon hundert Jahre vor der Geburt des Konfuzius zerfallen. Das »Reich« war eigentlich ein Staatenbund, in dem in Wahrheit die Herren eines Dutzends von Lehensfürstentümern herrschten. Ein ohnmächtiges Kaisertum, dauernde Rivalitäten und Kämpfe zwischen den Lehensfürsten, Rechtsunsicherheit im Innern, staatlicher und moralischer Zerfall – in dieser trostlosen politischen und sozialen Atmosphäre hat Meister Kung gelebt.

Er wurde geboren in Chüfu im damaligen Fürstentum Lu als Sproß einer alten Ritterfamilie, gehörte also zu einer gehobenen Klasse. Über sein Leben wird folgendes berichtet:
Er hatte aus einer frühen Heirat eine Tochter und einen Sohn, welch letzteren er überlebte. 517 machte er eine Reise nach Lo-yang, von der er im folgenden Jahre zurückkehrte. Dann lebte er vierzehn Jahre lang dem »Lernen«, das heißt, seiner Beschäftigung mit dem chinesischen Altertum und seiner darauf gegründeten Lehrtätigkeit, die ihm bald Ansehen brachte, wie ja in China von alters her die geistigen Menschen in besonderer Achtung stehen. Nach vierzehn Jahren solcher Tätigkeit soll er in Lu das Amt des Justizministers bekleidet haben, das er aber bald infolge einer Intrige verlor, worauf er seine Heimat verlassen mußte. Wieder begann für ihn ein Leben als Wanderlehrer, das ihn nochmals vierzehn Jahre lang, umgeben von einer wechselnden Schar von Schülern durch die benachbarten Lehnsstaaten führte, bis er schließlich im Alter von 68 Jahren wieder nach Lu zurückkehrte, um bald danach in Resignation zu sterben. Seine Autorität und sein Ruhm waren jedoch schon zu seinen Lebzeiten außerordentlich.
Konfuzius will den Weg zur Rettung aus dem moralischen und politischen Sumpf seiner Zeit zeigen. Den Weg wohin? – Nun, zu einer anderen, besseren geistigen Haltung und damit mittelbar auch zu politisch stabilen erträglichen Zuständen. Hierbei schwebte ihm das Altertum als Vorbild vor, wie es sich ihm in der

mündlichen und schriftlichen Überlieferung darstellte. Der Weg in die hellere Zukunft führt für ihn daher über die Tradition des Altertums. Das ist der »gute Weg«, der leider verschüttet war und den er und seine Anhänger nun mutig beschritten. Es ist für Konfuzius der einzige mögliche und richtige Weg. Man muß also die geistige Tradition des Altertums kennen, um ihn zu finden. Die Kenntnis dieser Tradition ist der Gegenstand seines unermüdlichen »Lernens«; den geistigen Inhalt des Altertums und dessen Haltung zu verstehen und ihr zu folgen – das ist der »gute Weg«. Beides aber bedeutet Charakterbildung; sie wird das wichtigste praktische Ziel des Konfuzius. Das Ergebnis seines Lernens mußte nun in die Tat umgesetzt werden; denn er war kein Theoretiker, sondern verfolgte immer praktische Ziele. Das ist der Inhalt seiner Lehrtätigkeit. Er will dabei nichts weiter als das, was er gelernt hat, zu diesem Zweck überliefern und interpretieren. Er will kein originaler Denker oder gar »Neuerer« sein. Die Tradition des Altertums spricht für sich.

Seine Lehren haben nur den Zweck, das, was ihm als Vorbild erschien und den Weg dorthin auch seinen Anhängern zu vermitteln. Er gibt dabei nur von Fall zu Fall praktische Ratschläge, vor allem für die Charakterbildung und Selbsterziehung im Sinne der Alten, und zwar ausdrücklich nur für das diesseitige Leben. Ferner handelt es sich bei seinen Lehren nicht um ein allgemeines philosophisches oder ethisches System; ein System gibt es bei ihm überhaupt nicht. Seine Lehren sind auch nie und nirgends Metaphysik und schon gar nicht eine Religion. Mit religiösen Fragen befaßt er sich überhaupt nicht. Die alte Volksreligion, also besonders der Geister- und Ahnenkult – die Idee einer kosmischen Zentralgewalt des Tao ist bei ihm noch nicht erkennbar – ist für ihn etwas Gegebenes, das, aus dem Altertum kommend, selbstverständlich gut ist. Etwas selbstverständlich Gegebenes war für ihn auch die scharfe Scheidung zwischen dem einfachen Volk und den sozial Höhergestellten. Das alles war ja das Werk des Himmels, und über ein solches zu spekulieren, wäre unsinnig, geradezu frevelhaft. Konfuzius hat nie ein Sozialreformer sein wollen. In großartiger Beschränkung wollte er nichts weiter erreichen, als seine Schüler auf den »guten Weg«, d. h. den Weg der sagenhaften Herrscher des Altertums – wie Yao, Shun und Yü – führen.

Die Rückführung zur geistigen Haltung des Altertums, bei der es nicht um Materielles, sondern um ideelle Werte geht, war eine Lehre, die sich an »die wenigen« richtete; denn sie erforderte eine bestimmte geistige Disposition und Muße, wenn auch Konfuzius immer wieder betonte, daß jeder zu ihm kommen könnte, um zu lernen und belehrt zu werden. So haben seine Lehren von vornherein einen aristokratischen Zug.

Aristokratische Züge hat dementsprechend auch der Idealtypus, den Konfuzius heranbilden will: der »Edle«. Zum Edlen wird man durch Charakterbildung und Selbsterziehung auf dem »guten Weg«. Theoretisch kann jeder ein Edler werden. Die Edlen heben sich wie helle Punkte aus der Masse des Volkes heraus, von ihr unterschieden durch ihre innere wie äußere Haltung, an der sie sich auch unmittelbar erkennen; man kann bei ihnen geradezu von einem Korpsgeist sprechen. Man hat den konfuzianischen Edlen zutreffend mit dem englischen Typus des Gentleman verglichen.

Auf die Schicksale der Lehren des Konfuzius kann hier nicht ausführlich eingegangen werden. Erinnern wir uns aber, daß China rund zwei Jahrtausende lang, bis zum Anfang unseres Jahrhunderts, nach ihnen regiert worden ist – und es sei darauf hingewiesen, daß die Lehren des Meisters Kung, nachdem sie, besonders während der Kulturrevolution, jahrzehntelang verpönt waren, heute in der Volksrepublik China wieder zitiert und in Ehren gehalten werden.

Die in diesem Band zusammengestellten Texte des Konfuzius sind zum größten Teil dem Buch »Lun-yü« – das heißt »Gespräche« – entnommen, einer Sammlung seiner Gespräche vor allem mit seinen Schülern, aber auch mit Vertretern des öffentlichen Lebens. Das Buch »Lun-yü« gehört zu den wichtigsten Quellen für die konfuzianische Gedankenwelt. Es besteht aus Hunderten von Aussprüchen des Konfuzius, Aphorismen und kurzen Gesprächen, die in zwanzig Büchern ohne jede inhaltliche Gliederung zusammengestellt sind. Wieviele von ihnen authentisch sind, muß offen bleiben. Das Buch ist erst Hunderte von Jahren nach dem Tod des Konfuzius kompiliert worden, enthält also Stücke aus verschiedenen, auch nach-konfuzianischen Jahrhunderten. In der gegebenen Zusammenstellung sind die betreffenden Bücher des »Lun-yü« durch römische Zahlen, die Unterabschnitte durch arabische Ziffern ausgewiesen. Die Übersetzung der Texte aus dem »Lun-yü« sowie einer kleinen Auswahl der Parabeln aus dem »Chia-yü« (»Schulgespräche«) folgt den bewährten englischen Ausgaben »The Analects of Confucius« von Arthur Waley und »The School Sayings of Confucius« von R. P. Kramers, erschienen in London bzw. Leiden 1949.

Ursula v. Mangoldt und Fritz Werle

DER GUTE WEG

Der Meister sprach: Den guten Weg den anderen Wegen vorzuziehen ist besser, als ihn nur zu kennen; auf ihm glücklich zu sein ist besser, als ihn nur vorzuziehen. Wählet den guten Weg! VI, 18

Sei von unwandelbarer Treue, liebe das Lernen, sei jederzeit bereit, dein Leben zu opfern, um Angriffe auf den guten Weg abzuwehren! Gehe in kein Land, das sich auf gefährliche Bahn begibt. Bleibe in keinem Land, in dem Aufruhr geherrscht hat. Wenn die meisten unter dem Himmel dem guten Weg folgen, dann tritt hervor; wenn es nicht so ist, verbirg dich. Wenn dein eigenes Land sich auf dem guten Weg befindet, ist es für dich eine Schande, hilfsbedürftig und unbekannt zu sein, ist es anders, dann sieh es als eine Schande an, reich und geehrt zu sein. VIII, 13

Du kannst den Menschen wohl auf den guten Weg bringen, doch nicht ihn zwingen, darauf zu bleiben.

VIII, 9

Tse-chang fragte nach dem Weg der guten Menschen. Der Meister sagte: Wer nicht in die Spuren der Alten tritt, kann nicht erwarten, den Weg in das Innere, zum Wesentlichen, zu finden. XI, 19

Tse-kung fragte: Wie muß ein Mann beschaffen sein, damit er ein guter Ritter des Weges genannt werden kann? Der Meister sagte: Wen sein Gewissen in der Verfolgung seiner eigenen Ziele in Schranken hält, und wer als Gesandter in fernen Ländern seines Fürsten Aufträgen keine Schande macht, der kann ein wahrer Ritter des Weges genannt werden.
Tse-kung sagte: Darf ich mir weiter die Frage erlauben, wer dem am nächsten käme?
Der Meister sagte: Der, den seine Verwandten wegen seiner kindlichen Pietät und den seine Dorfgenossen wegen seiner Ehrerbietung gegenüber seinen Eltern loben.
Tse-kung sagte: Darf ich mir weiter erlauben zu fragen, wer darüber hinaus in Betracht käme?
Der Meister sagte: Wer immer zu seinem Wort steht, wer nichts unternimmt, das er nicht zu Ende führt; ein solcher mag in den allerbescheidensten Umständen leben, aber trotzdem müssen wir ihm den nächsten Platz geben.
Tse-kung sagte: Was würdest du von denen sagen, die jetzt die Regierung führen?
Der Meister sagte: Ach, eine Clique von raffgierigen Strebern, nicht wert, daß man sie beachtet. XIII, 20

Der Beamte Wang-sun-chia fragte nach dem Sinn des Wortes »Lieber dem Herd dienen als den Ahnentafeln«. – Der Meister sagte: Es ist nicht wahr. Derjenige, der gegen den Himmel frevelt, hat nichts Gutes mehr von ihm zu erwarten. III, 13

Der Meister sagte: Ein hohes Amt, das von Männern mit engem Gesichtskreis bekleidet wird, Riten und Formen, die ohne Ehrfurcht verrichtet werden, Trauergebräuche, die ohne innere Anteilnahme befolgt werden, das alles sind Dinge, die zu sehen ich nicht ertragen kann. III, 26

Ein Mann mag zunächst durch die Texte der Lieder angeregt werden – dann, wenn er eine feste Grundlage errungen hat, durch das Vorbild der Riten und Formen und zuletzt durch Musik vervollkommnet werden. VIII, 8

Der Meister sagte: Wie vortrefflich ist doch die Kraft des mittleren Weges! Daß sie beim einfachen Volk nur selten zu finden ist, weiß man seit jeher. VI, 27

Jan Chiu sagte: Dein Weg empfiehlt sich mir wohl, aber er erfordert Kräfte, wie ich sie nicht habe. – Der Meister sagte: Wer sich übernimmt, bricht auf dem Wege zusammen; du aber ziehe mit Bedacht die Grenze. VI, 10

Der weise Chi-wen-tse überlegte immer erst dreimal, bevor er handelte. Als der Meister das hörte, sagte er: Zweimal wäre genug. V, 19

Tse-kung fragte: Wer ist besser, Shi oder Shang? – Der Meister sagte: Shi geht zu weit und Shang geht nicht weit genug. – Tse-kung sagte: Dann ist Shi der Überlegene. – Der Meister sagte: Zu weit zu gehen ist ebenso schlecht, wie nicht weit genug zu gehen. XI, 15

Wenn ich keine Menschen als Gesellschaft finde, die den mittleren Weg gehen, sind mir die Heftigen und Voreiligen noch lieber; denn die Heftigen behaupten sich jedenfalls, und zum Lob der Voreiligen muß wenigstens gesagt werden, daß es Dinge gibt, die sie ungetan lassen. XIII, 21

Der Meister sagte: Wer sich nicht Gedanken über das macht, was weit weg ist, dem wird bald viel Schlimmeres nahe sein. XV, 11

Der Meister sagte: Über das, was aus und vorbei ist, streitet man nicht. Das, was schon geschehen ist, kritisiert man nicht; das, was längst der Vergangenheit angehört, richtet man nicht mehr. III, 21

Tse-kung sagte: Angenommen, man hätte ein schönes Juwel, sollte man es dann einwickeln, in einen Kasten tun und aufheben, oder sollte man versuchen, den bestmöglichen Preis dafür zu bekommen? – Der Meister sagte: Bestimmt verkaufen! Ich bin einer, der stets auf Angebote wartet. IX, 12

Der Meister sagte: Das, worauf es im Leben des Menschen ankommt, ist ehrenhafte Gesinnung. Hat er sie nicht, kann er von Glück sagen, wenn er durchkommt. VI, 17

Wer am falschen Faden arbeitet, zerstört das ganze Gewebe. II, 16

Der Meister sagte: In alten Zeiten hielt man sich mit seinen Worten zurück; man fürchtete die Schande, die es brächte, wenn die Taten den Worten nicht gleichkämen. IV, 22

Fehler haben und sich nicht anstrengen, sie gut zu machen, das heißt wirklich Fehler haben. XV, 29

Äußerlich eine ernste und strenge Haltung einzunehmen, während man innerlich zittert, ist, um einen Vergleich aus dem täglichen Leben zu nehmen, so unanständig wie an Orte zu schleichen, wo man zu sein kein Recht hat, oder ein Loch zu bohren und hindurchzuklettern, statt durch die Tür zu gehen.
XVII, 12

Der Meister sagte: Glatte Worte schaden dem Charakter. Ungeduld im Kleinen kann große Pläne verwirren.
XV, 26

Wer verschwendet, wird oft anmaßend; wer sparsam ist, wird oft geizig. Aber Anmaßung ist ein Fehler, der viel schwerer wiegt als Geiz. VII, 35

Der Meister sagte: Anderen Ahnen als den eigenen zu opfern, gehört sich nicht. Das Rechte zu erkennen und es nicht zu tun, ist Feigheit. II, 24

Der Meister sagte: Zuerst und vor allem: Seid loyal und haltet eure Versprechen! Seid denen nicht Freund, die euch nicht gleich sind! Habt ihr einen Fehler gemacht, so scheut euch nicht, ihn zuzugeben und euer Verhalten zu bessern. IX, 24

Meister Kung sagte: Es gibt drei Arten von Freunden, die Gutes bringen, und drei Arten, die verderblich sind: Freundschaft mit Aufrichtigen, mit denen, die treu bis zum Tod sind, und mit denen, die viel erfahren haben, ist nutzbringend. Freundschaft mit Schwarzsehern, mit Opportunisten und mit solchen, die gewandt daherreden, ist verderblich. XVI, 4

Tse-kung fragte: Wie weit geht Freundschaft? – Der Meister sagte: Sei deinen Freunden gegenüber aufrichtig und verschwiegen. Kommst du damit nicht weiter, dann laß ab. Bemühe dich nicht bis zur Erniedrigung. XII, 23

Der Meister sagte: Es gibt einige, mit denen man zwar gemeinsam lernen, aber nicht auf dem Wege fortschreiten kann; mit anderen kann man zwar gemeinsam auf dem Wege fortschreiten, aber man kann mit ihnen nicht zusammenarbeiten; und wieder andere, denen man zwar zur Seite stehen, mit denen man sich aber nicht verständigen kann. IX, 29

Der Meister sagte: Vergeblich habe ich nach einem Ausschau gehalten, dessen Bestreben, seinen Charakter zu bilden, so stark gewesen wäre wie die Befriedigung seiner sexuellen Bedürfnisse. XV, 12

Es hat keinen Zweck, sich mit solchen zu beraten, die einem anderen Weg folgen. XV, 39

Ihr könnt drei Heere ihres Führers berauben, aber ihr könnt dem geringsten Bauern nicht seine Meinung nehmen. IX, 25

Nur die Weisesten und die Dümmsten können sich nicht ändern. XVII, 3

Tse-kung sagte: Das, von dem ich nicht will, daß andere mir es tun, tue ich auch anderen nicht. – Der Meister antwortete: So weit bist du noch nicht. V, 11

Ein Edler war durch Einbrecher beunruhigt worden. Er fragte den Meister, was er machen solle. Meister Kung antwortete: Wenn du frei von Begierde wärest, würden sie dir nichts zu stehlen vermögen, auch wenn du sie dafür bezahltest. XII, 18

Der Meister sagte: Sieh genau zu, was einer will; gib acht darauf, mit welchen Mitteln er seine Ziele verfolgt; finde heraus, was ihm Befriedigung gibt; kann dann des Mannes wirkliche Befähigung dir verborgen bleiben? II, 10

Jemand sagte: Was bedeutet es, wenn gesagt wird: Setze der Feindschaft die Kraft deiner Persönlichkeit entgegen?
Der Meister sagte: Was soll hier Kraft der Persönlichkeit heißen? Tritt der Feindschaft offen entgegen und setze die Macht deiner Persönlichkeit gegen die der anderen. XVI, 36

Der Meister sagte: Mit einem nicht vom guten Wege sprechen, mit dem man darüber sprechen könnte, heißt, einen Menschen ungenützt lassen. Wer wirklich weise ist, läßt keine Gelegenheit vorübergehen, einem Menschen von Nutzen zu sein. Er verschwendet aber auch nie seine Worte. XV, 7

Meister Kung sagte: Am höchsten stehen die, die weise geboren sind. Ihnen zunächst kommen diejenigen, die durch Lernen weise werden; nach ihnen diejenigen, die sich im Lernen schwer abmühen; zur untersten Klasse gehören die, die sich schwer abmühen müssen, ohne jemals zum Lernen zu kommen. XVI, 9

Tse-kung fragte: Was würdest du von einem Mann halten, den alle seine Dorfgenossen lieben? – Der Meister sagte: Das bedeutet noch nichts. – Was würdest du von einem Mann halten, den alle seine Dorfgenossen hassen? – Der Meister sagte: Auch das bedeutet noch nichts. Am besten ist es, wenn die guten Leute im Dorf ihn lieben und die schlechten ihn hassen. XIII, 24

Auf der Gasse weiterzusagen, was man auf der Landstraße gehört hat, heißt, seinen Wert wegwerfen.

XVII, 14

Der Schüler Tse Chiang fragte, wie man mit den Menschen am besten weiterkäme. – Der Meister sagte: Sei zuverlässig und stehe zu jedem deiner Worte; sei ernst und sorgfältig in allem, was du tust. Dann wirst du immer gut weiterkommen, auch wenn du unter Barbaren leben müßtest. Bist du aber unzuverlässig in dem, was du tust, wie kannst du dann hoffen, gut weiterzukommen, auch wenn du in deiner gewohnten Umgebung lebst? Wo du auch bist, laß diese Grundsätze nicht außer acht. Wenn du in deinem Wagen fährst, dann sieh sie auf dem Joch geschrieben stehen. Dann kannst du sicher sein, daß du weiterkommst. – Tse Chiang schrieb diesen Grundsatz auf seinen Gürtel. XV, 5

Tse-kung kritisierte immer andere Leute. – Der Meister sagte: Es ist nur gut, daß er selbst so vollkommen ist und daß er Zeit dafür hat. Ich habe dafür keine übrig. XVI, 31

Die sogenannten ehrbaren Leute auf dem Lande sind im Grunde Räuber der Tugend. XVII, 13

»Der Blütenzweig der wilden Kirsche,
wie leicht schnellt er zurück!
Was auch sei, ich liebe dich;
Aber wie weit in der Ferne ist dein Haus!«
Der Meister sagte: Wirklich – er liebt sie nicht. Sonst hätte er nicht über die weite Entfernung geklagt.

IX, 50

Der Meister sagte: Riten! Riten! Bedeuten sie nicht mehr als Opfer von Jade und Seide? Musik, Musik! Bedeutet sie nicht mehr als Glocken und Trommeln?

XVII, 11

Der Meister sagte: Mit Frauen und einfachen Leuten ist schwer umzugehen. Ist man freundlich, werden sie respektlos, hält man Abstand von ihnen, nehmen sie es übel. XVII, 25

Der Meister sprach: Nehmt einen Hügel, der fertig aufgehäuft ist bis auf einen letzten Korb Erde. Bleibt es so, bedeutet das für mich Unvollkommenheit, Stillstand. Nehmt nun den ebenen Grund, auf den erst ein einziger Korb Erde geschüttet wurde. Macht man weiter, so nenne ich das Streben nach Vollkommenheit, Fortschritt. IX, 18

DER LEHRER

Der Meister sprach: Ich habe überliefert, was mir gelehrt war, ohne etwas Eigenes dazuzutun. Ich war den Alten treu und liebte sie. Ich glaube nicht einmal, daß unser alter Lehrer Pong mich darin hätte übertreffen können. VII, 1

Ich habe schweigend zugehört und verzeichnet, was gesagt wurde. Ich bin nie müde geworden, zu lernen, um andere zu lehren, was ich gelernt habe. Dies sind meine einzigen Verdienste. VII, 2

In einem Ort mit zehn Häusern könntet ihr sicher jemand finden, der so zuverlässig ist wie ich. Aber ich glaube nicht, daß ihr einen findet, der das Lernen so liebt. V, 27

Der Gedanke, daß ich meine Charakterbildung vernachlässigt, mein Lernen nicht zu Ende geführt hätte, daß ich von rechtlichen Männern zwar gehört, sie aber nicht habe aufsuchen können, daß ich von schlechten Menschen zwar gehört, aber sie nicht habe bessern können, das sind Gedanken, die mich stets beunruhigen. VII, 3

Der Meister sagte: Es mag wohl Leute geben, die ohne Wissen auskommen, aber ich bin bestimmt keiner von ihnen. Viel hören und herausfinden, was gut ist, und es befolgen; viel sehen und es wirklich in sich aufnehmen, das ist der einfachste Weg, Wissen zu erlangen. VII, 27

Ich denke nicht daran, Anspruch darauf zu erheben, ich sei ein göttlicher Weiser oder ein gütiger Mensch. Was aber den unermüdlichen Eifer, zu lernen, und die Geduld beim Belehren anderer betrifft, so sind das Verdienste, die in Anspruch zu nehmen ich mich nicht scheue. VII, 33

Der Fürst von She befragte Meister Kungs Lieblingsschüler Tse-lu über seinen Lehrer. Tse-lu antwortete nichts. Der Meister fragte ihn daraufhin: Warum hast du nicht gesagt, er ist ein Mensch, der so eifrig nach Wahrheit sucht, daß er darüber seinen Hunger vergißt. Und er ist dabei so glücklich, daß er nicht an sein bitteres Schicksal denkt und nicht bemerkt, daß das Alter vor der Tür steht? – So ist er. VII, 18

Der Meister sprach: Mit 15 warf ich mich auf das Lernen. Mit 30 gewann ich einen festen Standpunkt. Mit 40 litt ich nicht mehr unter Verirrungen. Mit 50 kannte ich die Gebote des Himmels. Mit 60 hörte ich sie mit gelehrigem Ohr. Mit 70 konnte ich den Geboten meines eigenen Herzens folgen; denn was ich mir wünschte, überschritt nicht mehr die Grenzen des Rechten. II, 4

Gebt mir noch ein paar Jahre dazu, bis ich ganze 50 Jahre mit Lernen verbracht habe, und ich glaube, daß ich dann schließlich von Irrtümern frei wäre.

VII, 16

Der Meister sagte: Ich habe einmal einen ganzen Tag, ohne zu essen, verbracht und eine ganze Nacht, ohne zu schlafen, nur um über ein bestimmtes Thema nachzudenken. Es führte zu nichts. Es ist besser, zu lernen.

XV, 30

Der Schüler Tse-chin sagte zu seinem Gefährten Tse-kung: Wenn unser Meister neu in ein Land kommt, unterrichtet er sich zuerst über dessen politische Zustände. Wie macht er das nun? Fragt er die Leute aus, oder sagen sie ihm alles von sich aus?
Tse-kung sagte: Unser Meister ist freundlich, offen, höflich, gelassen, rücksichtsvoll; so kommt er zum Ziel. Das ist die Art unseres Meisters, sich zu unterrichten. Sie ist auf jeden Fall von der Art anderer verschieden. I, 10

Der Meister sprach: Wenn ich auch nur mit drei Leuten zusammen bin, kann ich immer sicher sein, von ihnen etwas zu lernen. Es wird da gute Eigenschaften geben, die ich als Vorbild nehmen kann, und schlechte, die mich lehren werden, was in mir selbst der Besserung bedarf. VII, 21

Der Meister sagte: Vom Himmel kommt die ganze Kraft, die in mir ist. VII, 22

Ich kann sagen, daß ich am Hof dem Fürsten und seinen Beamten gewissenhaft gedient habe und zu Hause meinem Vater und meinen älteren Brüdern. Was die Trauerformalitäten betrifft, so bin ich mir keiner Nachlässigkeit bewußt. Ich bin auch nie vom Wein überwältigt worden. Was diese Dinge betrifft, so ist mein Gewissen rein. IX, 15

Als der Meister in Kuang gefangengenommen worden war, sagte er: Hätte es etwa das Ende der Kultur bedeuten sollen, als König Wen starb? Hätte der Himmel wirklich gewollt, daß eine Kultur wie die seine unterginge, wäre später kein Sterblicher imstande gewesen, sich so an sie zu binden, wie ich es getan habe. Wenn der Himmel eine solche Kultur nicht untergehen lassen will, was werde ich mich da vor den Leuten von Kuang fürchten? IX, 5

Der Meister sagte: Wer nur grobe Nahrung, Wasser zum Trinken und einen gebeugten Arm als Kissen braucht, wird das Glück finden, ohne danach gesucht zu haben. Jeder Gedanke, Reichtum und Stellung durch Mittel zu erlangen, von denen ich weiß, daß sie unrecht sind, ist so fern von mir wie die Wolken, die da oben ziehen. VII, 15

Wenn es irgendein Mittel gäbe, der Armut zu entgehen, ohne dabei Unrechtes zu tun, würde ich es gebrauchen, müßte ich auch so etwas tun wie etwa ein Edler, der auf einmal niedrige Dienste leistet. Da es aber nicht so ist, werde ich mich weiterhin mit den Dingen beschäftigen, die mir Freude machen. VII, 11

Die genau sind und dabei Irrtümer begehen, sind in der Tat wenige. IV, 23

Der Meister teilte seine Lehren in vier Gebiete ein: literarische Bildung, rechte Amtsführung, Treue gegenüber den Höherstehenden und Gewissenhaftigkeit.

VII, 24

Der Meister sagte: Wenn ich aus den dreihundert Liedern des »Shih-ching« einen Satz auswählen sollte, um meine ganze Lehre zusammenzufassen, würde ich sagen: Laß nichts Böses in deinen Gedanken sein!

II, 2

Ein leitender Faden zieht sich durch meinen Weg. Meister Tseng sagte: Ja. Als der Meister hinausgegangen war, fragten die Schüler: Was hat er wohl damit gemeint? – Meister Tseng sagte: Unseres Meisters Weg ist einfach dieser: Treue gegen die Höherstehenden und Rücksicht auf die Gefühle anderer. IV, 15

Der Meister sagte: Tse-kung, ich glaube, du hältst mich für einen Mann, der nichts weiter will, als möglichst viel lernen und behalten. Er erwiderte: Das dachte ich allerdings. – Der Meister sagte: Nein, ich habe einen Faden, an dem ich alles aufreihe. XV, 2

Der Meister sagte: Tse-lu, soll ich dich lehren, was Wissen ist? – Wissen bedeutet zu erkennen, daß du es weißt, und, wenn du etwas nicht weißt, zu erkennen, daß du es nicht weißt. Das ist Wissen. II, 15

Mit Leuten, die sich wirklich über den Durchschnitt erhoben haben, kann man von höheren Dingen sprechen. Aber es ist nutzlos, mit Leuten unter dem Durchschnitt von Dingen zu sprechen, die ihr Verständnis übersteigen. VI, 19

Wenn jemand sich nicht unablässig fragt: Was soll ich in diesem Fall tun, was in jenem? – kann ich ihm nicht helfen. XV, 15

Der Meister sagte: Menschen, die schlagfertig sind, aber nicht frei heraus reden, die ohne Hemmungen sind, aber unehrlich, einfältig, aber nicht fähig, Versprechen zu halten – mit solchen will ich nichts zu tun haben. VIII, 16

Das Altertum mit Leben erfüllen und so neues Wissen erlangen – das macht den Lehrer aus. II, 11

Tse-lu fragte. Wer ist wohl ein vollkommener Mensch? Der Meister sagte: Wenn jemand so weise wie der Beamte Tsang-wu-chung, so frei von Begierde wie der Edle Meng-kung-cho, so tapfer wie der Held Chuang-tse, so gewandt wie mein Schüler Jan Chiu wäre und diese Eigenschaften durch Befolgung der Riten und Formen und durch Musik noch veredelt hätte, dann könnte man ihn tatsächlich einen vollkommenen Menschen nennen.
Aber vielleicht sollten wir das alles heute von dem vollkommenen Menschen gar nicht mehr erwarten. Einer, der eine Gewinnmöglichkeit sieht, aber gar nicht daran denkt, sie zu verfolgen, einer, der bereit ist, sein Leben zu opfern, wenn sein Fürst in Gefahr ist;

einer, der bei dem bleibt, was er vor langer Zeit einmal gesagt hat, wenn er ein altes Versprechen erfüllen soll – einen solchen könnten wir tatsächlich einen vollkommenen Menschen nennen. XIV, 13

Der Meister sprach: Ich lehre nur den, der seinen Eifer nicht bändigen kann; nur den, der vor Eifer übersprudelt. Wenn ich jemand eine Seite einer Frage klargelegt habe, und er nicht von selbst auf die drei anderen kommt, gebe ich es auf, ihn weiter zu belehren. VII, 8

Lerne, als wenn du jemand verfolgtest, den du nicht einholen kannst, und den aus den Augen zu verlieren du Angst hättest. VIII, 17

Wer lernt, aber sich die Sache nicht klarmachen kann, ist verloren. Wer eine Sache nur überblickt, aber nicht durchdringt, ist in großer Gefahr. II, 15

Der Meister sagte: Angefangen bei den Ärmsten, sogar denen, die mir nichts Besseres als ein Stück Dörrfleisch anbieten konnten, ist keiner jemals von mir gegangen, ohne Belehrung empfangen zu haben.

VII, 7

Soll ich mich für einen Weisen halten? – Keineswegs. Aber wenn auch nur ein einfacher Bauer in aller Aufrichtigkeit zu mir kommt und mich etwas fragt, bin ich immer bereit, die Sache mit allem Für und Wider mit ihm bis zum Endergebnis zu besprechen. IX, 7

Im Dorf Hu war es schwer, mit den Leuten ins Gespräch zu kommen. Aber ein Junge ohne Mütze bat um eine Unterredung unter vier Augen. Die Schüler waren verschiedener Meinung, ob sie ihn vorlassen sollten. Aber der Meister sagte: Dadurch, daß ich ihn vorlasse, billige ich noch nichts von dem, was er getan hat oder tun wird. Wir dürfen nicht zu wählerisch sein. Wenn jemand sich reinigt, um zu uns zu kommen, sollten wir das doch würdigen. Wir sind nicht für das verantwortlich, was er früher einmal getan hat oder was er tut, wenn er wieder gegangen ist. VII, 28

Der Meister sagte: Einer, der drei Jahre lang lernen würde, ohne an materiellen Erfolg zu denken, ist wohl schwerlich zu finden. VIII, 12

In alten Zeiten lernte man, um sich selbst zu vervollkommnen; heute tut man es, um auf andere Eindruck zu machen. XIV, 25

Tse-lu fragte: Wenn man einen Grundsatz hört, sollte man dann gleich eine Gelegenheit suchen, ihn in die Tat umzusetzen? – Der Meister sagte: Dein Vater und älterer Bruder leben noch. Wie kannst du da, wenn du einen Grundsatz hörst, ihn sogleich in die Tat umsetzen?
Jan Chiu fragte: Wenn man einen Grundsatz hört, soll man dann gleich eine Gelegenheit suchen, ihn in die Tat umzusetzen? – Der Meister sagte: Man sollte ihn gleich in die Tat umsetzen.
Der Schüler Kung-hsi-hua sagte: Als Tse-lu seine Frage stellte, sagtest du: Dein Vater und älterer Bruder leben noch. Aber als Jan Chiu seine Frage stellte, sagtest du: Wenn du einen Grundsatz hörst, setze ihn in die Tat um. Ich bin erstaunt und möchte mir die Frage erlauben, was nun richtig ist. – Der Meister sagte: Chiu ist träge; deshalb drängte ich ihn; Tse-lu ist fanatisch, wenn es sich um Taten handelt; deshalb hielt ich ihn zurück. XI, 21

Der Schüler Tse-chang studierte ein Lied. Der Meister sagte: Höre viel, aber schweige, wenn es sich um zweifelhafte Dinge handelt, und sei vorsichtig, wenn du von den übrigen sprichst; dann wirst du selten in Ungelegenheiten kommen. Sieh viel, aber übergehe, was gefährlich ist, gesehen zu haben, und sei vorsichtig, soweit du dich nach dem übrigen richtest; dann wirst du selten bereuen müssen, was du getan hast. Wer selten seiner Worte wegen in Ungelegenheiten kommt und selten etwas tut, was er ungeschehen machen möchte, wird bestimmt immer wieder Nutzen davon haben. II, 18

Der Meister sprach: Die Worte des weisen Fa-Yü müssen uns aufrütteln; aber worauf es ankommt, ist, daß sie unser Verhalten ändern sollen. Die Worte des Hsüan Chü müssen uns ergreifen. Aber worauf es ankommt, ist, daß wir sie in die Tat umsetzen. Für diejenigen aber, die sie anerkennen, ohne sie zur Tat werden zu lassen, oder die von ihnen aufgerüttelt sind, aber sich nicht umstellen, kann ich gar nichts tun.
IX, 23

Lieber wäre es mir, ich brauchte nicht zu reden. – Tsekung sagte: Wenn unser Meister nicht redet, was hätten wir Kleinen dann von ihm zu überliefern? – Der Meister sagte: Der Himmel spricht nicht, und doch nehmen die vier Jahreszeiten ihren Lauf. XVIII, 19

Der Meister sagte: Yen Hui war mir keine Hilfe; er nahm alles, was ich sagte, widerspruchslos hin. XI, 3

Fürst Ai fragte, wer von den Schülern das Lernen besonders liebte. – Meister Kung antwortete ihm: Yen Hui war so einer. Er liebte das Lernen sehr. Nie ließ er seine schlechte Laune an Unschuldigen aus, ließ auch niemals andere unter seinen Fehlern leiden. Leider war die ihm vom Himmel zugemessene Lebenszeit kurz, und er starb vor seiner Vollendung. Jetzt ist keiner mehr da, jedenfalls habe ich von keinem gehört, der das Lernen so sehr liebt. VI, 2

Der Meister sagte: Ich kann einen ganzen Tag an Yen Hui hinreden, ohne daß er jemals eine andere Meinung dazu äußert. Man könnte ihn für dumm halten. Aber wenn ich sein Verhalten betrachte, solange er nicht bei mir ist, so finde ich, daß er vollkommen in die Tat umsetzt, was ich ihn gelehrt habe. Nein – Hui ist gar nicht dumm. II, 9

Der Meister sagte in einem Gespräch zu Yu: Wer ist deiner Meinung nach besser, du oder Hui? – Er antwortete: Ich wage nicht, mich mit Hui zu vergleichen, denn Hui braucht nur ein Zehntel zu hören, um das Ganze zu verstehen. Wenn ich aber nur einen Teil höre, verstehe ich nicht mehr als zwei Teile!
Der Meister sagte: Du kommst ihm nicht gleich, du und ich, wir sind ihm nicht gleich. V, 8

Als Yen Hui und Tse-lu einmal mit dem Meister zusammen waren, sagte er: Jeder von euch soll mir seine Wünsche sagen. – Tse-lu sagte: Ich möchte Wagen und Pferde haben, Kleider und Pelze. Die würde ich dann mit meinen Freunden teilen, und ich wäre nicht böse, wenn sie mir abgenutzt zurückgegeben würden. – Yen Hui sagte: Ich möchte mich nie meiner guten Eigenschaften rühmen, auch nie Aufhebens wegen der Mühe machen, die ich mir für andere gebe.
Tse-lu sagte: Was ich gern hören würde, sind die Wünsche des Meisters. – Der Meister sagte: Den Alten gegenüber hilfsbereit, den Freunden treu und zu den Jungen verständnisvoll sein. V, 25

Als Yen Hui gestorben war, sagte der Meister: Der Himmel hat mich verlassen. XI, 8

Der Schüler Yüan Jang räkelte sich, als er auf den Meister wartete. Der Meister sagte: Die in ihrer Jugend keinen Respekt vor den Älteren zeigen, bringen nichts Rechtes zuwege, wenn sie herangewachsen sind. Und nur weiterleben, älter und älter werden, heißt eine nutzlose Plage sein. Und er schlug ihm mit seinem Stock über die Schienbeine. XIV, 46

Der Meister sagte: Achtet die Jungen! Wie wollt ihr wissen, ob sie nicht eines Tages alles das sein werden, was ihr jetzt seid? Wenn ein Mann aber vierzig oder fünfzig Jahre erreicht hat, und man nichts von ihm gehört hat, ist er wohl nicht besonderer Achtung wert.

IX, 22

Viererlei versagte sich der Meister: Er nahm nichts als gegeben hin, er war nie rechthaberisch, nie eigensinnig, nie egoistisch. IX, 4

Der Meister sprach nie über Vorbedeutungen, Heldentaten, Naturgewalten oder über böse Geister. VII, 20

Der Meister war in seinen Mußestunden ungezwungen, sein Gesichtsausdruck war lebhaft und frisch.

VII, 4

Des Meisters Art war gütig, aber entschieden, streng, aber ohne Schärfe, höflich, aber ungezwungen. VII, 37

Als einmal sein Stall niedergebrannt war, fragte er bei der Rückkehr vom Fürstenhof: Ist irgend jemand verletzt worden? Den Verlust der Pferde hätte er verschmerzt. X, 12

Der Meister sagte: Meine Freunde, ich weiß, ihr meint, ich verheimliche euch etwas. Aber es gibt nichts, was ich euch verheimliche. Ich unternehme nichts, worüber ich nicht vorher mit euch spreche, meine Freunde. Wäre es anders, wäre ich nicht, der ich bin.
VII, 23

Der Meister sagte: Wenn es um ernstliches Streben geht, glaube ich, daß ich den Vergleich mit andern nicht zu scheuen brauche. Was aber die Bewährung als Edler im täglichen Leben betrifft, so habe ich noch nie Gelegenheit gehabt zu zeigen, wessen ich fähig wäre.
VII, 32

Jemand sagte im Gespräch zu Meister Kung: Wie kommt es, daß du nicht im Staatsdienst bist? – Der Meister sagte: Im »Shu-ching« heißt es: »Verhalte dich richtig als Sohn und als Bruder; dann trägst du das Deine zur Regierung bei.« Es gibt Dienste, die ganz verschieden von dem sind, was man für gewöhnlich unter »Staatsdienst« versteht. II, 21

Der Meister sagte: Wenn mir nur jemand ein Amt geben wollte, wenn auch nur für ein Jahr! Dann könnte ich viel tun. In drei Jahren könnte ich allgemein Ordnung schaffen. XIII, 10

Die Wahrheit ist – niemand kennt mich, sagte der Meister. – Tse-kung fragte: Wie kommt es, daß du nicht bekannt geworden bist? – Der Meister sagte: Ich klage den Himmel nicht an und schelte nicht die Menschen. Aber was die Menschen hier unten lernen, wirkt sich dort oben aus. Vielleicht bin ich schließlich doch bekannt, zwar nicht hier, aber im Himmel.

XIV, 37

Ich kann nicht hoffen, jemals einem göttlichen Weisen zu begegnen, höchstens einmal einem wahrhaft Edlen. Ich kann nicht hoffen, jemals einem Menschen ohne Fehler zu begegnen, höchstens einem Menschen mit festen Grundsätzen. Überall um mich sehe ich ein Nichts, das so tut, als ob es etwas sei; Leere, die so tut, als ob sie Fülle sei; Mangel, der so tut, als ob er Überfluß sei. Auch ein Mensch mit festen Grundsätzen wird nicht so leicht zu finden sein. VII, 25

Vergebens habe ich nach einem einzigen Menschen gesucht, der es fertiggebracht hätte, seine eigenen Fehler zu erkennen und sich selbst ins Gewissen zu reden.

V, 26

Der Meister sagte: Am besten ist es, man zieht sich von seiner Zeit zurück; am zweitbesten ist es, man zieht sich in ein anderes Land zurück; dann – sich wegen eines Blickes, dann – sich wegen eines Wortes zurückzuziehen. XIV, 39

Als der Meister einmal krank war, bat Tse-lu ihn um die Erlaubnis, die Sühneriten zu vollziehen. Der Meister fragte: Gibt es denn so etwas? – Tse-lu erwiderte: Ja in den Trauergesängen heißt es: Wir vollzogen die Sühneriten für dich, indem wir die Himmelsgeister oben und die Erdgeister unten anriefen. – Der Meister sagte darauf: Meine Entsühnung hat schon lange begonnen. VII, 34

Der Meister sagte: Der Phönix kommt nicht; der Fluß gibt kein Zeichen. Mit mir ist es aus! IX, 8

DER EDLE

Wer den Willen des Himmels nicht erkennt, ist kein Edler. Wer die Riten und Formen nicht kennt, kann keine feste Grundlage haben. Wer den Sinn der Worte nicht versteht, kann die Menschen nicht verstehen. Und wer die Menschen nicht versteht, der ist auch kein Edler. XX, 3

Der Edle denkt bei jedem Vorhaben an den guten Weg, nicht daran, wie er etwa seinen Lebensunterhalt verdienen könnte. Auch für den Bauern gibt es zuweilen Hungerzeiten. Der Erfolg des Lernens mag einmal hohe Bezahlung sein. Aber der Edle denkt nur an die Wirkung des guten Weges. Armut kümmert ihn nicht. XV, 31

Der Schüler Yüan Se fragte: Was sind Gewissensbisse? – Der Meister sagte: Wenn ein Land dem guten Weg gemäß regiert wird, kann der Edle Belohnungen annehmen. Wenn ein Land aber nicht dem guten Weg gemäß regiert wird, hat er bei Belohnungen Gewissensbisse. XIV, 1

Der Meister sagte: Wenn der gute Weg in einem Lande herrscht, seid kühn im Reden und auch Handeln! Wenn er aber nicht herrscht, seid nur kühn im Handeln, aber zurückhaltend im Reden! XIV, 4

Das Ziel des Edlen ist, ein Charakter zu sein. Der gemeine Mann denkt an seinen Besitz. Wo der Edle an Strafe denkt, denkt der gemeine Mann an Entkommen. IV, 11

Der Meister sagte: Wer durch die Macht seiner Persönlichkeit herrscht, ist wie der Polarstern, der unverrückt an seinem Platz bleibt, während die geringeren Sterne ihm Ehre erweisen. II, 1

Der Meister sagte: Der Gebildete, der dem guten Wege folgen will, der sich aber schlechter Kleidung und grober Nahrung schämt, ist nicht wert, daß man sich mit ihm berät und daß man auf seine Meinung hört. IV, 9

Der Meister sagte von jemand: Er mag im Gespräch ganz gesunde Ansichten äußern; ob er aber wirklich ein Edler ist, oder sich nur äußerlich als etwas Besonderes gibt, das ist nicht so leicht zu sagen. XI, 20

Der Edle Chi Kang-tse fragte Meister Kung über die Regierung. Dabei sagte er: Nehmen wir an, ich würde diejenigen umbringen, die dem guten Weg nicht folgen, und nur diejenigen unterstützen, die es tun. Was würdest du davon halten? – Meister Kung erwiderte: Du bist dazu da, um zu regieren, nicht, um zu töten. Wenn du das Gute willst, wird das Volk alsbald gut werden; das Wesentliche am Edlen ist wie der Wind. Das Wesentliche am kleinen Mann ist wie das Gras. Wenn der Wind weht, hat es keine andere Wahl, als sich zu beugen. XII, 19

Der Meister sagte: Überwiegt die rohe Naturkraft gegenüber der Bildung, so ist das Ergebnis gemeine Roheit. Hat die Bildung das Übergewicht, so ist das Ergebnis die Pedanterie des Schreibers. Nur die richtige Mischung von Naturkraft und Bildung macht den Edlen. VI, 16

Der Meister sagte: Der Edle ist kein Werkzeug für irgend jemanden. II, 12

Der Kanzler fragte Tse-kung: Ist dein Meister ein göttlicher Heiliger? Wenn er es ist, wie kommt es dann, daß er so viele praktische Fertigkeiten hat? – Tse-kung antwortete: Der Himmel hat ihn dazu bestimmt, ein Heiliger zu werden; es ist aber auch richtig, daß er viele praktische Fertigkeiten besitzt.
Als der Meister das hörte, sagte er: Der Kanzler hat ganz recht mit dem, was er über mich sagt; in meiner Jugend lebte ich in bescheidenen Verhältnissen. Deshalb habe ich viele praktische Fertigkeiten, was das alltägliche Leben betrifft. Nutzt es aber einem Edlen, viele praktische Fertigkeiten zu haben? Nein, er braucht sie alle nicht. IX, 6

Fan Chi bat den Meister, ihn über Ackerbau zu belehren. Der Meister sagte: Du tätest besser daran, einen erfahrenen Bauern zu befragen.
Er bat, über Gartenbau belehrt zu werden. – Der Meister sagte: Du tätest besser daran, zu einem alten Gemüsegärtner zu gehen.
Als Fan Chi gegangen war, sagte der Meister: Fan Chi ist kein Edler. Wenn die Höhergestellten die Riten und Formen beachten, wird keiner aus dem Volk es wagen, ungehorsam zu sein. Wenn die Oberen treu und redlich sind, wird keiner aus dem Volk es wagen, von der Wahrheit abzuweichen. Wenn ein Edler so ist, werden die Leute sich von überall her mit den Kindern auf dem Rücken um ihn scharen. Wozu soll er Ackerbau treiben? XIII, 4

Der Meister sagte: Dreierlei sind die Wege des wahrhaft Edlen. Ich bin auf keinem weiter gekommen. Denn wer wirklich gütig ist, ist nie unglücklich; wer wirklich weise ist, ist nie verlegen; wer wirklich tapfer ist, hat nie Angst. – Tse-kung sagte: Das, Meister, ist dein eigener Weg. XIV, 30

Tse-lu fragte nach den Eigenschaften des wahrhaft Edlen. Der Meister sagte: Er erzieht sich dazu, in dem, was er tut, sorgfältig zu sein.
Tse-lu sagte: Kann er nicht noch weiter kommen? – Der Meister sagte: Er kann es dahin bringen, das Los anderer zu erleichtern. – Tse-lu sagte: Kann er nicht noch weiter kommen? – Der Meister sagte: Er kann es so weit bringen, das Los des ganzen Volkes zu erleichtern. Dann könnte selbst Yao oder Shun ihn nicht tadeln. XIV, 45

Vor drei Dingen muß sich der Edle hüten: In seiner Jugend muß er sich vor Wollust hüten, bis sich sein Blut und seine Lebenssäfte beruhigt haben. Wenn er die Blüte seiner Jahre erreicht hat, sein Blut und seine Lebenssäfte endgültig ausgeglichen sind, muß er sich vor Streit hüten. Ist er alt geworden, und sind seine Lebenssäfte im Abnehmen, muß er sich vor Geiz hüten.

XVI, 7

Dreierlei muß der Edle fürchten: Den Willen des Himmels, große Männer und die Worte der göttlichen Weisen. Der kleine Mann kennt den Willen des Himmels nicht; er fürchtet ihn deshalb auch nicht; er achtet große Männer nicht und spottet über die Worte der göttlichen Weisen. XIV, 8

Tse-kung sagte: Sicherlich gibt es etwas, das der Edle haßt. – Der Meister sagte: Ja, er hat seinen Haß. Er haßt diejenigen, die heraussuchen, was bei anderen hassenswert ist. Er haßt diejenigen, die in niederem Stand leben und alle schmähen, die über ihnen stehen. Er haßt diejenigen, die kühne Taten bewundern, aber die Riten und Formen nicht beachten. Er haßt diejenigen, die geschäftig und unternehmungslustig, dabei aber von heftiger Gemütsart sind. Ich glaube, auch für euch gibt es Dinge, die ihr haßt. – Tse-kung sagte: Ich hasse diejenigen, die List für Weisheit, die Ungehorsam für Kühnheit und Geschwätz für Wahrheitnehmen. XVII, 24

Meister Kung sagte: Drei Fehler gibt es im Umgang mit einem Edlen: Zu sprechen, ohne dazu aufgefordert zu sein, das zeigt ein vorlautes Wesen; nicht zu sprechen, wenn man dazu aufgefordert ist, das bedeutet Geheimnistuerei; zu sprechen, ohne auf den Gesichtsausdruck des anderen zu achten, das heißt blind sein.

XVI, 6

Der Edle soll nicht auf einer Matte sitzen, die nicht ordentlich gelegt ist. X, 9

Der Meister sagte: Der Edle gibt sich ebensoviel Mühe, um herauszufinden, was Recht ist, wie der gemeine Mann, um herauszufinden, was Gewinn bringt.

IV, 16

Der Edle baut auf dem auf, was Recht ist; er nimmt die Riten und Formen als Richtlinie, um das, was Recht ist, zu verwirklichen; er ist in seinen Absichten maßvoll, aber in ihrer Durchführung beharrlich. So ist der wahrhaft Edle. XV, 17

Der Meister sagte: Ist der Edle unzuverlässig, wird er die Achtung der unter ihm Stehenden verlieren; er wird auch keine feste Grundlage mehr für seine eigene Erziehung haben. Zuerst und vor allem muß er lernen, sich den über ihm Stehenden gegenüber loyal zu verhalten, Versprechen zu halten und denen nicht Freund zu sein, die nicht von seiner Art sind. Findet er, daß er einen Fehler gemacht hat, darf er sich nicht scheuen, es zuzugeben und seine Haltung zu bessern. I, 8

Der Edle ißt nie so viel, bis er übersättigt ist; in seinem Hause verlangt er keine Bequemlichkeiten; er ist in der Arbeit fleißig und vorsichtig in seinen Äußerungen; er verkehrt mit denen, die dem guten Weg folgen, und hilft dadurch seinen Mängeln ab. – Von einem solchen kann man tatsächlich sagen, daß er Sinn für das Lernen hat. I, 14

Zu Hause, in seinem Heimatort, ist sein Benehmen einfach und anspruchslos, wie wenn er sich nicht zu reden getraute. Im Ahnentempel aber und genauso bei Hofe spricht er gewandt, wenn er auch seine Worte immer sehr sorgfältig wählt. X, 1

Wenn er am Hof mit den Untergebenen der Minister spricht, ist er freundlich und umgänglich; spricht er mit den Ministern, ist er zurückhaltend und formell. In Anwesenheit des Herrschers ist er vorsichtig, aber nicht gehemmt. X, 2

Wenn seine Dorfgenossen Wein trinken, verläßt er das Fest, sobald die Dorfältesten gegangen sind. Nehmen die Dorfgenossen den Ritus der Vertreibung der bösen Geister vor, legt er sein Staatsgewand an und stellt sich auf die Oststufen. X, 10

Sind beim Tode eines Freundes keine Verwandten da, sagt er: Das Leichenbegräbnis ist meine Sache. Erhält er von einem Freund ein Geschenk, wirft er sich nicht nieder, auch wenn es Pferd und Wagen sind. Nur wenn ihm Opferfleisch gesandt wird, tut er das. X, 15

Besteigt er einen Wagen, stellt er sich gerade und ergreift die Zügel. Beim Fahren sieht er nicht um sich, spricht nicht schnell, deutet auch nicht mit dem Finger. X, 17

Der Meister sagte: Die Anforderungen, die der Edle stellt, betreffen ihn selbst; die, die der kleine Mann stellt, betreffen andere. XV, 20

Der Edle grämt sich nicht darum, daß er kein Amt hat; er macht sich nur Gedanken darüber, ob er die Eigenschaften hat, die ihn zu einem Amt befähigen. Es macht ihm nichts aus, wenn er keine Anerkennung findet; aber er tut eifrig das, was ihm mit Recht Anerkennung brächte. IV, 14

Der Edle ist davon bedrückt, daß ihm Fähigkeiten fehlen, nicht aber davon, daß andere seine Verdienste nicht anerkennen wollen. XV, 18

Der Edle lenkt die Aufmerksamkeit auf die guten Seiten anderer hin, nicht auf ihre Mängel. Der kleine Mann tut das Gegenteil. XII, 16

Der Schüler Se-ma Niu fragte nach der Bedeutung des Ausdrucks »Der Edle«. – Der Meister sagte: Der Edle grämt sich nicht und fürchtet sich nicht.
Se-ma Niu sagte: Also das ist damit gemeint, ein Edler zu sein: weder sich grämen noch sich fürchten. – Der Meister sagte: Wenn er in sich sieht, findet er keinen Flecken. Warum sollte er sich da grämen oder sich fürchten? XII, 4

Tse-lu fragte: Wie muß ein Mann beschaffen sein, damit er ein wahrhaft Gebildeter genannt werden kann? – Der Meister sagte: Er muß streng und genau, zugleich aber auch nachsichtig sein. Dann mag er ein wahrhaft Gebildeter genannt werden: Streng und genau mit Rücksicht auf das Verhalten seiner Freunde, nachsichtig gegenüber seinen Brüdern. XIII, 28

In Chen gingen die Vorräte zu Ende, und die dem Meister folgten, wurden so schwach, daß sie sich nicht mehr weiterschleppen konnten. Tse-lu ging zum Meister und sagte unwillig: Ist es Recht, daß sogar Edle in solche Not kommen? – Der Meister sagte: Der Edle kann dem Unglück standhalten; nur der kleine Mann verliert den Halt, wenn er ins Unglück kommt. XV, 1

Ein Edler, der gebildet ist und weiß, wie er sich in seinem Lernen den Beschränkungen durch Riten und Formen zu fügen hat, geht wahrscheinlich nicht fehl. XI, 25

Der Meister sagte: »Nur gewöhnliche Leute warten, bis sie in Riten, Formen und Musik fortgeschritten sind, bevor sie ein Amt übernehmen. Der Edle kann es sich erlauben, sich erst später mit Riten, Formen und Musik abzugeben.« Auch wenn ich diesen Ausspruch billigte, wäre ich doch auf der Seite derer, die zuerst lernen. XI, 1

Für den Edlen gibt es in der Welt weder Feindschaft noch Zuneigung; er stellt sich immer auf die Seite des Rechts, wo er es auch findet. IV, 10

Se-ma Niu klagte: Jeder andere hat Brüder, ich allein habe keine. – Tse-hsia sagte: Ich habe sagen hören: Leben und Tod sind das Gebot des Himmels; Vermögen und Rang hängen vom Willen des Himmels ab. Wenn der Edle tätig ist und seine Zeit nicht nutzlos vertut, wenn er anderen gegenüber höflich ist und die Riten und Formen beachtet, dann sind alle seine Brüder. Wie kann der wahrhaft Edle klagen, er habe keine Brüder? XII, 5

Der Meister sagte: Wer Charakter hat, bleibt nie einsam; immer findet er Freunde. IV, 25

Unter den Edlen gibt es keine Rivalität außer vielleicht beim Bogenschießen. Aber auch dabei verbeugen sie sich und machen einander Platz, wenn sie zum Schießplatz gehen und wenn sie zum anschließenden Trinkgelage kommen. Auch im Wettstreit bleiben sie immer Edle. III,

Vermögen und Rang wünscht sich ein jeder. Wenn sie aber nur auf Kosten des guten Weges erlangt werden können, muß man einsehen, daß man auf sie verzichten muß. Armut und Niedrigkeit verabscheut ein jeder. Sind sie aber nur auf Kosten des guten Weges zu vermeiden, muß man einsehen, daß man sie ertragen muß. Wenn der Edle jemals aufhört, gütig zu sein, verdient er diesen Namen nicht mehr. Nie, auch nicht für einen Augenblick, verläßt der Edle den Weg der Güte. Nie läßt er sich so aus dem Gleichgewicht bringen, daß er nicht auf ihm verharrt; nie zaudert er dabei. IV, 5

Tse-chang fragte, wie der Edle beschaffen sein müsse, um einflußreich genannt werden zu können. Der Meister sagte: Das hängt davon ab, was du unter einflußreich verstehst.

Tse-chang erwiderte: Im Staatsdienst sicher sein, Anerkennung zu gewinnen, im Dienst einer regierenden Familie ebenso sicher sein, Anerkennung zu gewinnen. – Der Meister sagte: Das beschreibt, was bekannt sein heißt; es sagt aber nichts darüber, was einflußreich bedeutet. Um einflußreich zu sein, muß ein Mann von Natur gradsinnig sein und das Recht lieben. Er muß die Worte der Menschen prüfen, ihren Ausdruck beobachten und verstehen, daß man auf andere Rücksicht nehmen muß. Ein solcher, mag er nun im Dienst des Staates oder einer regierenden Familie stehen, wird sicher einflußreich sein, während derjenige, der bekannt wird, den Ruf, gütig zu sein, lediglich durch sein äußeres Auftreten erworben haben mag, wobei er aber durch sein Verhalten Lügen gestraft wird. Wer seine Ansprüche mit genug Selbstbewußtsein zur Geltung bringt, kann sicher sein, im Staat oder im Dienst einer Familie Anerkennung zu finden.

XII, 20

Der Meister sagte: Der Edle kann diejenigen beeinflussen, die über ihm stehen; der kleine Mann kann nur diejenigen beeinflussen, die unter ihm stehen. XIV, 24

Der Edle kann eine Frage von allen Seiten ohne Vorurteil betrachten. Der kleine Mann ist voll von Vorurteilen und kann eine Frage nur von einer Seite aus betrachten. II, 14

Der Meister sagte: Der Edle soll sich nicht um Kleinigkeiten bekümmern, aber er sollte mit hoher Verantwortung für Großes betraut werden. Ein kleiner Mann sollte nicht mit hoher Verantwortung betraut werden, aber er soll sich um die Kleinigkeiten kümmern. XV, 33

Der Meister wollte in das Gebiet der neun barbarischen Stämme im Osten gehen. Jemand sagte: Ich fürchte, du würdest dich schwerlich mit ihrem Mangel an Lebensart abfinden. – Der Meister sagte: Wenn ein wahrhaft Edler sich unter ihnen niederließe, brauchte man sich bald keine Sorgen mehr wegen ihres Mangels an Lebensart zu machen. IX, 13

Es ist möglich, wahrhaft edel, aber ohne Güte zu sein. Nie aber hat es einen gütigen Menschen gegeben, der nicht edel gewesen wäre. XIV, 7

Der Meister sagte: Höflichkeit, die sich nicht den Riten und Formen fügt, wird lästig. Vorsicht, die sich nicht den Riten und Formen unterordnet, wird zur Furchtsamkeit, Wagemut wird zur Unbesonnenheit, Festigkeit zur Barschheit. – Der Meister sagte: Wenn der Edle sich zu seinen Verwandten so, wie es sich für ihn geziemt, verhält, werden die gemeinen Leute dadurch zur Güte geführt. Wenn alte Beziehungen nicht vernachlässigt werden, werden die gemeinen Leute nicht unzuverlässig. VIII, 2

Als Meister Tseng krank war, wurde er von dem Edlen Meng Ching-tse besucht. Meister Tseng sagte ihm: Wenn ein Vogel stirbt, rührt sein Singen das Herz. Wenn ein Mensch im Sterben liegt, sind seine Worte von Bedeutung. Dreierlei stellt der Edle, der dem guten Wege folgt, über alles: In der Haltung, in den Gebärden darf keine Heftigkeit oder Anmaßung zu erkennen sein; Blick und Gesichtsausdruck müssen Vertrauen zeigen; in dem, was er sagt, ja auch in dem Tonfall muß er alles Grobe oder Ungehörige sorgfältig unterdrücken. Was die Ordnung der Kultgefäße und ähnliches betrifft, so ist sie Sache derjenigen, zu deren Obliegenheiten sie gehört. Sein Begräbnis soll ihn nicht bekümmern. VIII, 4

Der Meister sagte: Der Edle ist stolz, aber er sucht keinen Streit; er schließt sich an Menschen an, aber nicht an Parteien. XV, 21

Der Meister sagte: Der Edle hat Würde, aber er ist nie hochmütig; der gemeine Mensch ist hochmütig, aber er hat keine Würde. XIII, 26

Beim ersten Zeichen von Ungnade gegen ihn erhebt sich der Edle und geht. X, 18

Der Meister sagte: Von dem Edlen erwartet man Beständigkeit, nicht blinden Gehorsam. XV, 36

Der Edle paßt sich an, aber er ist nicht unterwürfig; das einfache Volk ist unterwürfig, aber es kann sich nicht anpassen. XIII, 25

Tse-lu fragte: Soll der Edle den Mut preisen? – Der Meister sagte: Der Edle gibt dem Recht den ersten Platz. Wenn der Edle Mut hat, aber das Recht nicht gebührend beachtet, wird er zum Aufrührer. Wenn der kleine Mann Mut hat, aber das Recht nicht gebührend beachtet, wird er zum Dieb. XVII, 23

Der Meister sagte: Der Edle ist ruhig und gelassen; der kleine Mann ist aufbrausend und reizbar. VII, 36

Der Edle ist leicht zu bedienen, aber es ist schwer, ihn zufriedenzustellen; denn wenn man ihn auf eine Art und Weise zufriedenzustellen sucht, die mit dem guten Weg nicht in Einklang zu bringen ist, will er damit nichts weiter zu tun haben. Wenn er aber die Dienste anderer in Anspruch nimmt, erwartet er von ihnen nur, was sie zu tun imstande sind. Gewöhnliche Leute sind schwer zu bedienen, aber leicht zufriedenzustellen. Auch wenn man sie in einer Art zufriedenzustellen sucht, die mit dem guten Weg nicht in Einklang zu bringen ist, werden sie einverstanden sein; aber wenn sie die Dienste anderer in Anspruch nehmen, erwarten sie von ihnen, daß sie ohne Rücksicht auf ihre Kräfte jede Arbeit tun, die gerade vorkommt.

XIII, 25

Tse-lu fragte: Wenn der Fürst von Wei dich erwartete, damit du das Land für ihn verwaltest, was würdest du zuerst tun? – Der Meister sagte: Ich würde auf jeden Fall zuerst die Sprache in Ordnung bringen.
Tse-lu sagte: Habe ich recht gehört? Was ich fragte, hat doch mit der Sache nichts zu tun. Warum sollte die Sprache in Ordnung gebracht werden?
Der Meister sagte: Wie schwerfällig du bist! Der Edle sollte sich, wenn von Dingen die Rede ist, die er nicht

versteht, zurückhalten. Wenn die Sprache ungenau ist, stimmt das, was gesagt wird, nicht mit dem überein, was gemeint ist. Wenn aber das, was gesagt wird, nicht mit dem übereinstimmt, was wirklich gemeint ist, kann das, was getan werden soll, nicht ausgeführt werden, können Riten und Formen nicht wirken; schwere und leichte Strafen werden wirkungslos sein und die Menschen können sich nicht betätigen. Deshalb gebraucht der Edle nur eine Sprache, in der man sich vollkommen klar ausdrücken kann, und spricht nur von dem, was durchzuführen ist. Der Edle überläßt bei dem, was er sagt, nichts dem Zufall. XIII, 3

Der Edle tut gut daran, langsam im Reden, aber schnell im Handeln zu sein. IV, 24

Tse-kung fragte. Wer ist ein wahrhaft Edler? – Der Meister sagte: Er predigt nicht, was er tut, bevor er nicht getan hat, was er predigt. II, 13

Der Meister sagte: Der Edle hat Grund, betrübt zu sein, wenn er seine Tage beschließt, ohne sich einen Namen gemacht zu haben! XV, 19

Der Meister sagte: Lernen, und zu rechter Zeit sich das Gelernte ins Gedächtnis zurückzurufen – ist das nicht eine Freude? Ist es nicht köstlich, wenn Freunde von weither zu einem kommen und dann nicht verbittert zu sein, wenn deine Verdienste von ihnen nicht anerkannt werden – ist es schließlich nicht das, was man von dem Edlen erwarten darf? I, 1

DER STAAT

Der Meister sagte: Der Größte als Herr und Herrscher über unsere Vorväter war Yao. Er war wirklich erhaben. Es gibt kein höheres Ideal als das des Himmels, und Yao erreichte es, nach seinem Vorbild zu handeln. Die Kraft seiner Persönlichkeit war ohne Grenzen. Die Menschen konnten keine passenden Worte dafür finden. Erhaben waren seine Werke und alles überstrahlend die Zeichen seiner Kultur. VIII, 19

Der Meister sagte: Erhaben waren Shun und Yü, die Herrscher des Goldenen Zeitalters. Alles unter dem Himmel gehörte ihnen, aber das berührte sie nicht.

VIII, 18

Der Meister sagte: Der durch Nichthandeln regierte, das war Shun. Denn was tat er? Er setzte sich ernst und ehrfürchtig, das Gesicht nach Süden gerichtet, das war alles. XV, 4

Der Meister sprach: Vom Fürsten Tai Po kann man sagen, daß er die höchste Stufe von Charakter erreichte. Nicht weniger als dreimal verzichtete er auf den Thron, ohne daß die Leute Gelegenheit gehabt hätten, ihn dafür zu preisen. VIII, 1

Tse-kung fragte nach der weisen Regierung. Der Meister sagte: Genug Nahrung, genug Waffen und das Vertrauen des Volkes.
Tse-kung sagte: Nehmen wir an, du hättest keine andere Wahl als eines von diesen dreien aufzugeben; was würdest du zuerst aufgeben? – Der Meister sagte: Die Waffen.
Tse-kung sagte: Nehmen wir weiter an, du müßtest eines von den beiden übriggebliebenen aufgeben, was würdest du lassen? – Der Meister sagte: Die Nahrung; denn der Tod ist das Schicksal aller Menschen, aber ein Volk, das seinem Herrscher nicht mehr vertraut, ist tatsächlichverloren. XII, 7

Der Meister sagte: Wenn der Herrscher selbst ein aufrechter Mann ist, wird alles gutgehen, auch wenn er keine Befehle gibt. Ist er aber kein aufrechter Mann, mag er Befehle geben, soviel er will; sie werden doch nicht befolgt werden. XIII, 6

Meister Kung sagte zum Fürsten: Regiert das Volk durch Gesetze, haltet die Ordnung durch Strafen aufrecht – und die Leute werden sich von Euch abwenden und alle Selbstachtung verlieren. Regiert sie durch die Gewalt Eurer Persönlichkeit, haltet die Ordnung durch Riten und Formen; dann werden sie ihre Selbstachtung bewahren und von selbst zu Euch kommen.

II, 3

Tse-kung sagte: Wenn ein Herrscher dem gemeinen Volk nicht nur große Vorteile verschaffte, sondern auch den Staat zur Blüte brächte, was würdest du von ihm sagen? Sicher würdest du ihn gut nennen. – Der Meister sagte: Denn wäre er nicht nur gut, er wäre zweifellos ein göttlicher Weiser; sogar Yao und Shun könnten schwerlich etwas an ihm auszusetzen haben. Was nun die Güte betrifft – du selbst begehrst Rang und Stand; sei also den anderen behilflich, Rang und Stand zu erlangen. Du möchtest, daß deine eigenen Verdienste gewürdigt werden; sei also den anderen behilflich, daß man die ihren berücksichtigt. – Dabei mußt du dich auf deine eigenen Gefühle verlassen können – das führt zum Gütigsein. VI, 28

Fürst Ting fragte, ob es irgendeinen Satz gebe, der alles zusammenfasse, was ein Land zur Blüte bringen könnte? – Meister Kung erwiderte: Von keinem Satz könnte man das jemals erwarten; aber es gibt einen, der dem nahe kommt. Er heißt: Es ist schwer, ein Fürst, und nicht leicht, ein Minister zu sein. Ein Herrscher, der wirklich versteht, daß es schwer ist, ein Fürst zu sein, käme dem nahe, sein Land durch einen einzigen Satz zur Blüte bringen zu können.
Fürst Ting sagte: Gibt es einen Satz, der ein Land verderben könnte? – Meister Kung sagte: Kein Satz könnte das; aber es gibt einen, der dem nahe kommt. Er heißt: Welche Befriedigung könnte man haben, ein Fürst zu sein, wenn man nicht sagen kann, was man will, und keiner es wagt, eine andere Meinung zu äußern. Solange das gut ist, was er sagt, ist es natürlich auch gut, wenn ihm nicht widersprochen wird. Wenn aber das, was er sagt, nichts taugt, ist es dann nicht beinahe so, als ob er sein Land durch einen einzigen Satz ins Verderben brächte? XIII, 15

Der Meister sagte: Würde jemand heute einem Fürsten in jeder Beziehung so dienen, wie es die Riten und Formen vorschreiben, hielte man ihn für einen Schmeichler. II, 18

Fürst Ting fragte: Wie soll der Herrscher seine Minister einsetzen, und wie sollen die Minister ihrem Herrscher dienen? – Meister Kung antwortete: Der Herrscher soll sich bei der Verwendung seiner Minister allein durch die Riten und Formen, die Minister sich im Dienst ihres Herrschers allein durch ihre Hingebung an den Dienst leiten lassen. III, 19

Der Meister sagte: Wenn die richtigen Leute nur hundert Jahre lang ein Land regierten, dann würde es tatsächlich möglich, Grausamkeit und Mord auszurotten. Daran kann kein Zweifel bestehen. XIII, 11

Wenn es wirklich möglich ist, Länder durch Riten und Formen und durch Nachgiebigkeit zu regieren, ist nichts weiter zu sagen; wenn es aber absolut nicht möglich ist, wozu sollen dann alle die Riten und Formen nütze sein? IV, 13

Der Meister sagte: Solange der Herrscher die Riten und Formen achtet, ist das Volk ohne Schwierigkeit zu regieren. XIV, 44

Wer nur nach Zweckmäßigkeit handelt, wird immerzu Unzufriedenheit erregen. IV, 12

Nur wenn Männer der rechten Art ein Volk sieben Jahre lang erzogen haben, darf man daran denken, es in die Schlacht zu führen. Der Meister sagte: Ein Volk in die Schlacht zu führen, bevor es erzogen ist, heißt, es verraten. XIII, 29

Der Meister sagte: Von sich viel, von anderen aber wenig zu verlangen, ist der Weg für einen Herrscher, um die Unzufriedenheit zu bannen. XV, 14

Der Edle Chi Kang-tse fragte Meister Kung nach der Kunst zu herrschen. – Meister Kung sagte: Herrschen heißt geraderichten. Wenn du einen Weg geradeaus gehst, wer will es dann wagen, einen krummen Weg zu gehen? XII, 17

Fan Chi fragte: Wer ist ein guter Herrscher? – Der Meister sagte: Wer die Menschen liebt.
Er fragte weiter: Wer ist ein weiser Herrscher? – Der Meister sagte: Wer die Menschen kennt. XII, 22

Der Meister sagte: Ein Land mit einer Streitmacht von tausend Kampfwagen kann nur regiert werden, wenn der Herrscher gewissenhaft seine Pflicht tut, seine Versprechungen genau erfüllt, in seinen Ausgaben sparsam ist, für seine Untertanen das Beste will und die Bauern nur in der angemessenen Zeit Fronarbeiten machen läßt. I, 5

Tse-lu fragte nach der guten Regierung. Der Meister sagte: Führe die Menschen, sei ein Vorbild für sie! – Tse-lu fragte nach einem weiteren Leitsatz. Der Meister sagte: Sei unermüdlich fleißig! XIII, 1

Als Tse-hsia Gouverneur von Chüfu war, fragte er um Rat wegen der Regierung. Der Meister sagte: Versuche ja nichts hastig zu tun. Kümmere dich nicht um Unwichtiges. Wenn du hastig bist, wird deine Persönlichkeit sich nicht zur Geltung bringen können. Wenn du dich durch Unwichtiges ablenken läßt, wird nichts Wichtiges jemals vollendet werden. XIII, 17

Fürst Ai fragte: Was könnte ich tun, damit das einfache Volk mich unterstützt? – Meister Kung antwortete: Befördere die Aufrechten und setze sie über die Schlechten; dann werden die einfachen Leute dich unterstützen. II, 19

Als Jan Yung Verwalter der Familie Chi geworden war, fragte er nach der guten Regierung. – Der Meister sagte: Lasse soviel wie möglich von deinen Untergebenen tun. Lasse kleine Versehen durchgehen. Befördere die Männer mit höheren Fähigkeiten.
Jan Yung fragte: Woran kann man einen Mann von höheren Fähigkeiten erkennen, um ihn dann zu befördern? – Der Meister sagte: Befördere zunächst einmal diejenigen, die du kennst; und wenn du jemand nicht kennst, werden ihn die anderen bestimmt nicht übersehen. XIII, 2

Chi Kang-tse fragte: Gibt es ein Mittel, um das Volk dahin zu bringen, respektvoll und regierungstreu zu sein? – Der Meister sagte: Sei würdig, und sie werden dich respektieren. Sei pietätvoll gegenüber deinen Eltern, freundlich gegen deine Kinder, und sie werden dir ergeben sein. Befördere die Würdigen und bemühe dich um die Erziehung derer, die versagen. Das ist das beste Mittel, respektiert zu werden. II, 20

Fürst Tsing fragte Meister Kung wegen der Regierung. Der erwiderte: Der Fürst soll ein Fürst, der Minister ein Minister, der Vater ein Vater und der Sohn ein Sohn sein. – Der Fürst sagte: Wie wahr! Denn in der Tat, wenn der Fürst kein Fürst, der Minister kein Minister, der Vater kein Vater und der Sohn kein Sohn ist, kann man eine Schüssel Hirse vor sich haben, ohne daß man weiß, ob man lange genug am Leben bleiben wird, um sie leer zu essen. XII, 11

Tse-lu sagte: Angenommen, du würdest die drei Heere befehligen, was für einen Mann würdest du dir zur Unterstützung nehmen? – Der Meister sagte: Ein Mann, der bereit wäre, einen Tiger an den Schnurrbarthaaren zu zupfen, oder sich in einen Fluß zu stürzen, ohne zu überlegen, ob er am Leben bleiben oder sterben wird – ein solcher käme nicht in Betracht. Ich würde jedenfalls einen nehmen, der mit der nötigen Vorsicht an die Schwierigkeiten heranginge und eher durch kluge Strategie Erfolg hätte. VII, 10

Der Meister sagte: Jemand mag die dreihundert Lieder des »Shih-ching« auswendig kennen; wenn er aber ein Amt bekommt und seine Verdienste nicht zur Geltung bringen kann, oder wenn er als Gesandter in der Ferne Fragen nicht zu beantworten vermag, was nützt ihm dann sein Wissen, wie groß es auch sein mag? XIII, 5

Tse-lu fragte ihn: Wie soll man seinem Fürsten dienen? – Der Meister sagte: Widersetze dich ihm nie mit leeren Ausflüchten. XIV, 23

Der Meister sagte: Im Dienst des Staates muß man auf die Erfüllung der Pflicht bedacht, nicht aber auf die Bezahlung erpicht sein. XV, 37

Wer kein Amt im Staate hat, soll über seine Politik nicht mitreden. VIII, 14

Der Meister sagte: Wenn jemand dahin gekommen ist, sich selbst zu beherrschen, wird es für ihn nicht schwer sein, ein hohes Amt auszufüllen; wenn er sich aber selbst nicht hat erziehen können, wie kann er dann hoffen, andere zu leiten? XIII, 13

In der Staatspolitik den guten Weg für alle Bürger zu finden, ist so schwierig wie zur gleichen Zeit in alle vier Himmelsrichtungen zu schauen. XIV, 4

VON DER GÜTE

(Das chinesische Wort »jen« bedeutet allgemein das menschlich gütige, selbstlose, verständnisvolle Verhalten anderen gegenüber, nicht aber so etwas wie die aktive christliche Nächstenliebe. In diesem Sinne sind die Ausdrücke »Güte« und »gütig« zu verstehen.)

Der Meister sprach selten über Gewinn und Lohn, über Schicksal, Güte und Sittlichkeit. IX, 1

Der Meister sagte: Güte macht einen Ort schön. Wer freie Wahl hat und es doch nicht vollzieht, unter Gütigen zu wohnen, wie kann man den weise nennen? IV, 1

Sei nicht zu schnell dabei, über Güte zu reden; wenn du sie später einmal verwirklichen möchtest, könnte es sich herausstellen, daß deine Kraft dazu nicht ausreicht. XIV, 21

Der Meister sagte: Güte ist uns oft so fern. Doch wenn wir wirklich Sehnsucht nach ihr haben, ist sie sogleich da. VII, 29

Der Meister sagte: Güte bedeutet für das Volk mehr als Wasser und Feuer. Ich habe Menschen ihr Leben verlieren sehen, wenn sie durch Wasser und Feuer gegangen sind. Aber ich habe nie gesehen, daß einer sein Leben verlor, als er versuchte, gütig zu sein. XV, 34

Der Weise freut sich an dem Wasser, der Gütige an den Bergen. Denn der Weise bewegt sich, der Gütige aber steht fest. Die Weisen sind glücklich, aber die Gütigen sicher. VI, 21

Der Meister sagte: Weder der, der das Herz eines Ritters hat, noch der Mann, der aus gutem Stamm und entsprechend geartet ist, wird jemals sein Leben auf Kosten der Güte zu erhalten suchen. Es mag dahin kommen, daß er sein Leben opfern muß, um gütig zu werden. XV, 8

Meister Kung sagte: Siehst du, was gut ist, so greife danach, wie wenn du Angst hättest, es könnte dir entgehen. Wenn du etwas siehst, was nicht gut ist, so prüfe es sorgfältig, wie wenn du den Finger in heißes Wasser tauchtest. So habe ich sagen hören. Ich habe sogar solche Leute gesehen. Bleibe im Verborgenen, wenn du deine Ziele verwirklichen willst; sei redlich, und du wirst auf deinem Wege weiterkommen. So habe ich sagen hören. Aber nie habe ich jemand gesehen, der danach gelebt hätte. XVI, 11

Ich für mein Teil habe weder jemand gesehen, der wirklich von Herzen gütig gewesen wäre, noch jemand, der das Böse wirklich verabscheute. Für den, der wirklich gütig sein will, gibt es nichts Höheres. Wer das Böse verabscheut, wird immer wieder gütig sein, so daß das Böse gar nicht an ihn herankommt. Ist jemals einer dahin gekommen, auch nur einen Tag lang alle Kraft einzusetzen, um gütig zu sein? Ich glaube es nicht. Ich habe nie jemand gesehen, der den Versuch dazu nur deshalb aufgegeben hätte, weil ihm die Kraft dazu fehlte. Es mag wohl vorgekommen sein, aber ich habe es nie gesehen. IV, 6

Der Meister sagte: Bleibt unbeirrt auf dem guten Weg! Haltet euch durch seine Kraft aufrecht! Güte sei euer Halt! Sucht Anregung in den schönen Künsten! VII, 6

Der Meister sagte: Was nützen einem die Riten und Formen, wenn man keine Güte hat? Was nützt einem die Musik, wenn man keine Güte hat? III, 3

Yen Hui fragte: Was heißt Güte? – Der Meister sagte: Wer sich den Riten und Formen fügen kann, ist gütig. Wenn ein Herrscher sie auch nur einen Tag lang befolgen könnte, wäre bald jeder unter dem Himmel gütig wie er. Güte ist etwas, was vom Herrscher ausgehen muß. XII, 1

Tse-kung sagte: Unseres Meisters Ansichten über Kunst und die äußerlichen Kennzeichen des Guten dürfen wir hören; aber über die menschliche Natur und die Wege des Himmels will er uns nichts sagen.

V, 12

Der Schüler Fan Chi fragte: Was heißt Güte? – Der Meister sagte: Im Privatleben höflich, im öffentlichen Leben sorgfältig, Verwandten gegenüber treu sein. All das ist ein Grundsatz, dem du, gleichgültig, wo du auch bist, sogar bei den Barbaren im Osten oder Norden, nie untreu werden darfst. XIII, 19

Der Schüler Jan Yung fragte: Was heißt Güte? – Der Meister sagte: Wenn du von Hause fort bist, verhalte dich so, wie wenn ein wichtiger Gast da wäre. Im Verkehr mit dem einfachen Volk verhalte dich so, wie wenn du an einem wichtigen Opfer beteiligt wärest. Tue den anderen nichts, was du selbst nicht erfahren möchtest. Dann wird niemand dir widerstehen wollen, mag es sich nun um Staats- oder um Familienangelegenheiten handeln.
Jan Yung sagte: Ich weiß, daß ich nicht gescheit bin, aber das ist ein Ausspruch, den ich mit deiner Erlaubnis in die Tat umzusetzen versuchen werde. XII, 2

Der Schüler Se-man Niu fragte: Was heißt Güte? – Der Meister sagte: Wer gütig ist, ist in seiner Rede vorsichtig.
Se-man Niu sagte: Das also ist unter Güte zu verstehen – vorsichtig in der Rede zu sein! – Der Meister sagte: Da es nun einmal so schwer ist, gütig zu sein, wie kann man anders als vorsichtig darüber sprechen.

XII, 3

Tse-kung fragte: Wie erreicht man es, gütig zu werden? Der Meister sagte: Wenn ein Handwerker gute Arbeit leisten will, muß er zuerst seine Werkzeuge schärfen. In welchem Land du auch wohnen magst, gehe dort nur in den Dienst von solchen Beamten, die dessen würdig sind, befreunde dich dort nur mit solchen, die gütig sind. XV, 9

Der Meister sagte: Unerschütterlich, entschlossen, wie ein Baum, langsam im Reden – ein solcher ist der Güte nahe. XIII, 27

Der Meister sagte: Hui kommt der Güte sehr nahe; er ist oft leer (von Leidenschaften und Begierden). XI, 18

Von dem Sprichwort: »Nur ein Gütiger versteht es, die Menschen zu lieben oder abzulehnen«, sagte der Meister: Wessen Herz auch nur ein bißchen auf Güte eingestellt ist, wird niemand ablehnen. IV, 3

Der Meister sagte: Ohne Güte kann niemand lange widrige Lebensumstände oder großes Glück ertragen. Der Gütige findet Befriedigung in der Güte. Wer nur klug ist, sucht gütig zu sein, weil er meint, daß es sich lohnt. IV, 2

Der Meister sagte: Die Fehler sind ein Teil des Menschen. Die Fehler herauszufinden, ist nur ein Mittel, um seine Güte zu erkennen. IV, 7

Der, den Weisheit mächtig macht, muß gütig sein, um die Macht zu erhalten; sonst wird er sie verlieren. Denjenigen, den Weisheit mächtig gemacht hat und der durch Güte diese Macht erhalten kann, wird das gemeine Volk dennoch nicht achten, wenn er nicht Würde im Umgang mit ihm zeigt. Der, dem Weisheit Macht gegeben hat und der gütig genug ist, um diese Macht zu erhalten, aber auch Würde im Umgang mit dem gemeinen Volk zeigt, ist trotzdem ein schlechter Herrscher, wenn er nicht im Einklang mit den Riten und Formen handelt. XV, 32

Von dem Wort: »Derjenige, über den weder Machtgier noch Eitelkeit, Haß oder Habsucht Gewalt haben, mag gütig genannt werden« – sagte der Meister: Ein solcher hat getan, was schwierig ist; ob er aber gütig genannt werden sollte, weiß ich nicht. XIV, 2

Wer Charakter hat, wird sicher auch beredt sein; wer aber beredt ist, hat noch nicht notwendig Charakter. Ein gütiger Mann wird bestimmt auch Mut haben. Aber ein tapferer Mann ist nicht notwendigerweise gütig. XIV, 5

Wer wirklich gütig ist, kann nie unglücklich sein; wer wirklich weise ist, kann nie verwirrt werden; wer wirklich tapfer ist, fürchtet sich nie. IX, 28

Der Meister sagte: Wer von Natur verwegen ist, aber unter Armut leidet, wird sich nicht lange an die Gesetze halten. Wer viel zu leiden hat, wird zum Aufrührer werden, wenn er nicht wirklich gütig ist. VIII, 10

Der Meister sagte: Wie kann man von jemand sagen, er sei wirklich von Liebe erfüllt, wenn er diejenigen, die er liebt, nicht dazu bringt, ihre Kräfte anzuspannen, um zur Güte zu gelangen? Wie kann jemand wirklich treu genannt werden, der davor zurückschreckt, diejenigen zu tadeln, denen er in Treue verbunden ist. XIV, 8

Des Meisters Freund Tse-chang sagte: Der Kanzler war dreimal aufs neue in sein Amt eingesetzt worden; aber bei keiner dieser Gelegenheiten zeigte er irgendwelchen Stolz; dreimal wurde er abgesetzt, aber nie zeigte er irgendwelche Enttäuschung. Jedesmal unterrichtete er seine Nachfolger gewissenhaft über die Geschäfte während der Dauer seines Amtes. Er vertrat selbstlos die Interessen seines Fürsten. Tse-chang fragte: Würdest du ihn gütig nennen? – Der Meister sagte: Ich sehe in seinem Verhalten nichts, was die Bezeichnung gütig verdiente. V, 18

Der Meister sagte: Glatte Worte und Wichtigtuerei sind bei Gütigen selten. XVII, 17

Der Gütige ist nicht deswegen gekränkt, weil andere seine Verdienste nicht erkennen; er sorgt sich nur darum, die Verdienste der anderen anzuerkennen. I, 16

Tse-chang fragte Meister Kung: Was heißt Güte? – Meister Kung sagte: Wer die Fünf überall unter dem Himmel in die Tat umsetzen könnte, wäre gütig.
Tse-chang wollte hören, was das sei. – Der Meister sagte: Höflichkeit, Weite des Blicks, Aufrichtigkeit, Sorgfalt, Milde. Wer höflich ist, wird nicht verachtet; wer einen weiten Blick hat, gewinnt die Menge; wer aufrichtig ist, dem traut das Volk; wer sorgfältig ist, hat in allem Erfolg; wer milde ist, kann von den Leuten Gutes erwarten. XVII, 6

Der Meister sagte: Wenn ein wirklicher König erschiene, würde schon nach einer Generation die Güte vorherrschen. XIII, 12

Der Meister sagte: Wenn du mit einem gütigen Mann zusammen bist, denke immer daran, wie du es ihm gleichtun könntest. Bist du mit einem schlechten Menschen zusammen, sieh in dich. IV, 17

Der Schüler Fan Chi fragte: Was ist Weisheit? – Der Meister sagte: Wer ernstlich dafür sorgt, daß seine Untertanen erhalten, was ihnen zukommt, und wer vor den Dämonen Respekt hat und sie in Abstand hält, kann weise genannt werden.
Er fragte nach Güte. – Güte kann erst erreicht werden, wenn das, was schwierig ist, richtig getan ist. Wer das getan hat, kann gütig genannt werden. VI, 20

ACHTET DIE ELTERN!

Der Meister sagte: Ein junger Mann soll sich zu Hause gegen seine Eltern und draußen gegen Ältere gut benehmen, in seinen Versprechungen vorsichtig, aber in ihrer Erfüllung genau sein; er soll ferner jedermann eine freundliche Gesinnung entgegenbringen, Freundschaft aber nur mit guten Menschen suchen. Was ihm dann noch an Kraft übrigbleibt, soll er zur Beschäftigung mit den Künsten verwenden. I, 6

Der Edle Meng-wu-po fragte, wie man sich gegenüber den Eltern verhalten solle. Der Meister sagte: Verhalte dich so, daß sie sich deinetwegen nicht zu beunruhigen brauchen, außer wenn es um die Gesundheit geht. II, 6

Der Schüler Tse Yu fragte, wie man sich den Eltern gegenüber verhalten solle. Der Meister sagte: Als gute Söhne gelten heutzutage diejenigen, die darauf achten, daß ihre Eltern genug zu essen haben. Aber auch bei Hunden und Pferden sorgt man dafür. Wenn kein Gefühl der Ehrfurcht da ist, wo liegt dann der Unterschied? II, 7

Auch der Schüler Tse-hsia fragte, wie man sich den Eltern gegenüber verhalten solle. Der Meister sagte: Es ist schwer, sich richtig zu verhalten. Die kindliche Pietät besteht nicht nur darin, daß die jungen Leute die schwere Arbeit tun, wenn etwas getan werden muß, oder daß sie ihren Eltern zuerst Wein und Nahrung reichen. Sie ist viel mehr als das. II, 8

Der Meister sagte: Solange dein Vater lebt, siehst du nur seine Absichten. Ist er gestorben, kannst du erkennen, ob du sie auch ausführen kannst. Wer die ganzen drei Trauerjahre den Haushalt wie zu Lebzeiten seines Vaters führt, der ist wirklich ein guter Sohn. I, 11

Jemand fragte nach einer Erklärung für das Ahnenopfer. Der Meister sagte: Ich weiß keine. Wer die Erklärung wüßte, könnte mit allen Dingen unter dem Himmel ebenso leicht fertig werden wie ich mit der Betrachtung meiner hohlen Hand. III, 11

Man sollte einem Ahn so opfern, wie wenn er anwesend wäre, sagte der Meister. Wenn ich bei dem Opfer nicht wirklich innerlich dabei bin, ist es so, als ob kein Opfer stattfände. III, 12

Der Meister sagte: Man kann wohl einmal den Eltern in geziemender Art Vorstellungen machen. Sieht man aber, daß es nicht gelingt, ihre Meinung zu ändern, sollte man ihnen gegenüber eine respektvolle Haltung einnehmen; auch wenn man enttäuscht ist, darf man ihnen nichts übelnehmen. IV, 18

Der Edle Meng-i-tse fragte, wie man sich den Eltern gegenüber verhalten solle. Der Meister sagte: Sei nie ungehorsam! Diene ihnen, wie es die Riten und Formen vorschreiben, solange sie leben. Wenn sie sterben, begrabe sie und opfere ihnen nach dem Ritual. II, 5

Der Fürst von She sagte zu Meister Kung: In meinem Lande gab es einen Mann, den man den ehrlichen Kung nannte; sein Vater hatte ein Schaf gestohlen, und Kung sagte als Zeuge gegen ihn aus. – Meister Kung sagte: In meinem Lande sind die aufrechten Männer anderer Art; der Vater wird immer seinen Sohn dekken und der Sohn den Vater; auch das ist Ehrlichkeit.

XIII, 18

Tse-lu fragte, wie man den Ahnen dienen solle. Der Meister sagte: Wie kannst du den Ahnen dienen, bevor du gelernt hast, Menschen zu dienen? – Tse-lu erlaubte sich dann eine Frage über die Toten. Der Meister antwortete: Wie solltest du etwas von den Toten wissen, bevor du etwas von den Lebenden weißt? XI, 11

(Aus den »Schulgesprächen«)

Die Gabe der Überzeugungskraft

Als einst der Fürst von Chu einen Ausflug zu der berühmten Terrasse von Ching machen wollte, riet ihm sein Hofmarschall davon ab. Das ärgerte den Fürsten, und er befragte seinen obersten Feldherrn. Der ließ sofort die Kutsche anspannen und sagte: Diese Sehenswürdigkeit darf sich mein Gebieter nicht entgehen lassen.
Der Fürst war hoch erfreut und lud den General ein, ihn auf der Fahrt zu begleiten.
Als sie etwa zehn Meilen zurückgelegt hatten, brachte der General von sich aus die Kutsche zum Halten und wandte sich an den Herrscher mit der höflichen Frage, ob dieser ihm für einen Augenblick Gehör schenken wolle.
Der Fürst sagte: Redet, Meister!
Da begann der General: Man sagt, wenn ein Beamter streng und weitblickend ist, würden alle Ehrentitel und alle Schätze des Landes nicht ausreichen, um ihn

gebührend zu belohnen. Wer aber seinem Gebieter nach dem Mund rede, für den seien alle erdenklichen Strafen nicht schmerzhaft und erniedrigend genug. Nun ist der Hofmarschall offenbar ein weitblickender und strenger Beamter, und ich bin einer, der es vorzieht, dem Fürsten nach dem Munde zu reden. Ich erwarte deshalb, daß Ihr mich bestraft, wie ich es verdient habe.
Der Fürst erwiderte: Wenn ich auf den Einspruch des Hofmarschalls gehört hätte, wäre ich zwar nicht nach Ching gefahren, ich hätte aber auch nicht darüber nachgedacht, ob es wirklich besser ist, auf den Widersprechenden oder auf den Schmeichler zu hören. Bevor ich Euch nun bestrafe, wie Ihr es wohl verdient, möchte ich hören, warum Ihr Euch freiwillig ans Messer liefert.
Der General sagte: Um meinem Herrn Gelegenheit zu geben, ohne Zorn auf den Warnenden darüber nachzudenken, ob es weise ist, nach Ching zu fahren. Wenn nämlich Ihr hinfahrt, werden künftig alle hinfahren wollen, und der friedvolle Platz wird durch die Menge entweiht und bald auch verwüstet werden.
Der Fürst antwortete: Das wäre in der Tat schrecklich. Und er ließ die Kutsche umkehren.
Als Meister Kung von dieser Begebenheit hörte, sagte er: Der General beherrscht wahrlich die Kunst, einen Fürsten überzeugend zu beraten. Zehn Meilen weit hat er ihm nachgegeben und ihn dann durch Klugheit und Weitblick davor zurückgehalten, wider Willen eine dumme Unsitte einzuführen. XIV, 4

Das tägliche Brot

Meister Kung war einmal beim Fürsten Ai zu Gast. Dieser ließ zu Tisch einen Pfirsich und eine Hirseähre reichen.

Der Meister aß zuerst die Hirseähre und danach den Pfirsich. Die anderen Gäste und die Höflinge hielten sich die Hand vor den Mund, damit man ihr Lachen nicht sähe. Und der Fürst erklärte Kung: Die Ähre ist nur dazu da, den Pfirsich abzuwischen; dann wirft man sie weg.

Meister Kung antwortete: Ich weiß. Doch die Hirse ist die wichtigste aller Früchte des Feldes. Sie ist für den Himmel und für die Ahnen die höchste Opfergabe. Früchte vom Baum gibt es in vielen Arten, und der Pfirsich gehört zu den geringsten. Er wird deshalb auch nicht auf dem Altar des Himmels geopfert. Der Edle wird Dinge von geringem Wert nicht mit einem kostbaren Ding reinigen. Es hieße, das Höhere in den Dienst des Niederen zu stellen, wollte man eine wildwachsende Baumfrucht mit einer mühsam angebauten Feldfrucht säubern. Das, meine ich, ist nicht vereinbar mit wahrer Kultur und widerspricht meiner Achtung vor dem Landmann. Darum habe ich die Hirse nicht zu niedrigen Diensten herabgewürdigt, sondern ihrer wahren Bestimmung zugeführt: den Menschen zu ernähren. Der Fürst sagte beschämt: Ihr tatet recht.

XIX, 5

Der Vogelfänger

Meister Kung beobachtete einen Vogelfänger, dem nur junge Vögel ins Netz gingen. Er fragte ihn: Warum fangt ihr nur Grünschnäbel?
Der Vogelfänger antwortete: Die alten Vögel sind vorsichtig und deshalb schwer zu fangen. Die jungen sind nach der Lockspeise gierig und darum leicht zu erwischen. Würden die jungen auf die alten achten, würde man auch sie nicht bekommen, und würden die alten es den jungen nachtun, würde man sie ebenso leicht fangen.
Meister Kung wandte sich zu seinen Schülern und sprach: Wer sich von Erfahrenen warnen läßt, vermeidet Schaden. Wer den Genuß verlockender Speisen für wichtiger hält, vergißt die Gefahr und wird dafür bestraft werden. Jeder ist also für sein Glück und Unglück selbst verantwortlich. Darum ist der Edle in der Wahl seiner Vorbilder und bei seinen Entscheidungen vorsichtig. Die Erfahrung der Alten ist die erste Stufe zur Erhaltung des Lebens. Der Leichtsinn der Jugend bringt stets Lebensgefahr. XV, 7

Ein schlechtes Vorzeichen

Im Staat Lu lebte ein Mann namens Kung-sho. Als er einst opfern wollte, mußte er feststellen, daß ihm sein Opfertier abhanden gekommen war.
Als Meister Kung davon erfuhr, sagte er: Dieser Mann wird das nächste Jahr nicht überleben.
Bald darauf starb er tatsächlich.
Da fragten die Schüler ihren Meister: Woher wußtet Ihr, daß Kung-sho bald sterben werde?
Der Meister antwortete: Wer sich nicht um sein Opfertier kümmert, überblickt den Haushalt nicht mehr. Wer das Totenopfer vernachlässigt, wird bald auch sich selbst vernachlässigen. Solch ein Mensch muß einfach zugrunde gehen. Um das vorauszusehen bedarf es keiner großen Weisheit. X, 9

Beschämung der Streitenden

Schon mehrere Jahre stritten sich die beiden Länder Yü und Jui um ein gemeinsames Grenzgebiet. Da sprachen ihre Unterhändler zueinander: Wen, der Fürst des Westreiches, ist ein weiser Mann. Wir sollten ihm die Entscheidung unseres Streitfalls übertragen.
Die Landesfürsten begaben sich in das Westreich, und als sie dort ankamen, sahen sie mit Erstaunen, daß die Bauern einander die Pflüge ausliehen und die Grenzmarkierungen der Felder respektierten. Als sie in die Hauptstadt kamen, sahen sie, daß Frauen und Männer auf verschiedenen Seiten der Straße gingen und die alten Leute keine Lasten tragen mußten. Am Hof angekommen, sahen sie, daß die geringeren Hofbeamten den höheren wie selbstverständlich den Vortritt ließen und die Minister bei der Audienz nicht einander ins Wort fielen. Da sprachen die Fürsten von Yü und Jui zueinander: Was sind wir doch für unvernünftige Menschen! Wie können wir es wagen, uns am Hof des weisen Wen blicken zu lassen!
Beschämt zogen sie sich zurück, riefen ihre Truppen aus den Festungen in dem umstrittenen Grenzgebiet ab und beendeten damit den langen Streit.
Als Meister Kung davon hörte, sprach er: Dies zeigt, daß das gute Beispiel eines weisen Fürsten unfehlbar seine Wirkung tut. Wen braucht nicht zu befehlen, man folgt ihm auch so. Und er mußte die streitenden Fürsten nicht erst belehren, sie begriffen auch so. Das ist der beste Weg der Erkenntnis. X, 10

Von der Entspannung

Tse-kung sah dem Treiben beim Erntedankfest zu. – Meister Kung fragte ihn: Warum bist du nicht so ausgelassen wie die andern?
Der Schüler erwiderte: Die Leute benehmen sich wie verrückt. Ich sehe keinen Anlaß, dermaßen fröhlich zu sein.
Der Meister war verwundert. Er sagte: Daß nach der Mühsal von mehr als hundert Tagen auch ein Tag der Freude, des Trinkens und Essens nach Lust kommen muß, das verstehst du nicht? Den Bogen immer nur zu spannen, ohne ihn je zu entspannen, das hätten selbst die weisen Könige von Wen und Wu nicht vermocht. Spannen ohne Entspannung, das hätten sie gar nicht gewollt! Anspannung im Wechsel mit Entspannung, das ist der rechte, der gute Weg. XXVIII, 3

Das Ziel

Eines Tages machten sich die Fürsten von Chu, Lu und She gemeinsam auf den Weg zu Meister Kung, um von ihm zu hören, wie sich die Belange der Staatsführung und die Forderungen der Moral in Einklang bringen ließen.
Unterwegs erörterten sie miteinander dieses schwierige Problem, gerieten darüber in Streit und faßten schließlich doch einige löbliche Vorsätze.
Bei Meister Kung angekommen, trugen sie ihm ihre Frage vor.
Der Meister hörte sie an und schwieg dann beharrlich.
Da sagten die Fürsten unwillig: Nun sind wir endlich am Ziel unserer beschwerlichen Reise und erfahren doch nichts. Sollten wir den Weg zu einem, der als ein Weiser gilt, etwa vergeblich gemacht haben?
Der Meister antwortete: Der Weg war das Ziel.

XVII, 4